Angebot 13

Lese-Mal-Auftrag: Der Clown

An Karneval verkleiden sich viele Menschen und feiern. Früher war es anders: Die Menschen wollten die Geister des Winters mit Masken vertreiben. Mit ihren Instrumenten machten sie Krach dazu.

Male: Der Clown hat rote Haare und eine rote Nase.

Sein Hut ist gelb und hat eine lila Blume.

Sein Mantel ist braun, mit vielen bunten Flicken.

Am Mantel sind fünf rote Knöpfe zu sehen.

Der Clown hat eine grüne Hose mit blauen Punkten an.

Seine Schuhe sind braun.

In der Hand hält er einen grünen Luftballon.

Male Luftschlangen und Konfetti dazu.

Gesamtinhaltsverzeichnis

Themen:

Vorwort

Liebe Kolleginnen und Kollegen,

die Kinder zum Lesen zu „verlocken", die Lesekompetenz aufzubauen, zu fördern und eine langfristige Lesemotivation zu erhalten, zählt zu den zentralen Aufgaben des Leseunterrichts in der Grundschule.

Es ist uns ein besonderes Anliegen, mit der hoch differenzierten Materialsammlung alle Kinder, ausgehend von ihren individuellen Lesevoraussetzungen, zu berücksichtigen. Sie sollen optimal gefördert und zugleich gefordert werden.

Die Materialien sind so konzipiert, dass das sinnentnehmende Lesen geübt wird, z. B. durch Fragestellungen, durch Zuordnung von Illustrationen zu Wörtern, Sätzen, Texten und durch Spiele.

Alle Lesethemen sind an die Sachunterrichtsinhalte des ersten und zweiten Schuljahres angelehnt, dadurch fächerübergreifend und an die Erfahrungsbereiche der Kinder geknüpft.

Das Lesematerial kann vielfach eingesetzt werden (Wochenpläne, Freiarbeit, Stationenlernen, Werkstätten, Lesestationen, Förderunterricht usw.).

Auf unzähliges Kopieren wollten wir bewusst verzichten. Die Lesematerialien können daher einmalig in Folie aufbereitet und immer wieder eingesetzt werden. Die Kinder müssen bei der Bearbeitung der Leseaufträge lediglich Kreuze oder Nummern mit einem Folienstift eintragen.

Dieses Heft bietet Ihnen eine Fülle an Materialien. Bei Bedarf können Sie die Leseangebote individuell auf die gewünschte Schriftgröße für Leseanfänger hochkopieren.

Die Materialsammlung kann unabhängig von bestimmten Leselernmethoden oder Fibelkonzepten eingesetzt werden.

Wir wünschen Ihnen und Ihren Kindern viel Spaß und Erfolg mit der Materialsammlung „Lesethron Band 1".

Julia Bracke und Birgit Giesen

Vorbemerkungen

Tipps und Tricks zur Arbeit mit dem Lesematerial

Aufarbeitung und Bearbeitung der Materialien:

- Einige Spiele und Lesematerialien können Sie nach Bedarf **hochkopieren**, um die Schriftgröße der Lesefähigkeit anzupassen.
- Nutzen Sie die Hilfe der **Eltern** beim Erstellen der Lesematerialien. Laden Sie die Eltern zum Bearbeiten (Laminieren, Sortieren, Ausmalen, Zerschneiden) der Lernangebote ein. Dadurch erhalten die Eltern auch einen Einblick, wie engagiert und differenziert Sie arbeiten bzw. sich vorbereiten.
- Für die Unterscheidbarkeit der einzelnen Themengebiete können Sie **Symbole** (z. B. von den Kopiervorlagen) auf die Rückseite des Materials kleben oder malen. Das erleichtert den Kindern das Sortieren bzw. das Aufräumen des Materials.
- Für die Bearbeitung von laminierten Arbeitskarten eignen sich **wasserlösliche Folienstifte** oder „Omnichromstifte", die wie Buntstifte aussehen und trocken abzuwischen sind (von Staedtler).

Aufbewahrungsmöglichkeiten

Themenkisten: Alle Materialien eines Themas werden in einer Kiste oder einem Karton aufbewahrt, die mit dem Themensymbol gekennzeichnet werden. Natürlich können diese Kisten zusätzlich noch mit Sachbüchern, Fachbüchern, Bilderbüchern, passenden Geschichten, Gedichten und anderem ergänzt werden.

Schubladenboxen (regelmäßig bei Aldi im Angebot) bieten sich alternativ an. Sie werden von außen mit Symbol und Text beschriftet.

Materialien (zerschnitten) werden in kleinen, wiederverschließbaren Klarsichtbeuteln, Filmdöschen, Zigarrenschachteln, Spielkartenbehältern oder Aufbewahrungstaschen (durchsichtige Umschläge aus Kunststoff in verschiedenen Farben) aufbewahrt, die mit Inhalt und ggf. Anzahl der Legekärtchen gekennzeichnet sind.

Verschließbare Klarsichtbeutel und Spielkartenbehälter in verschiedenen Größen sind z. B. bei Lehrmittelverlag Torsten Schmidt (*www.schmidt-lehrmittel.de*) oder Hail Lehrmittel (*www.hail.de*) zu beziehen. Die Aufbewahrungstaschen sind erhältlich bei Büroartikel Viking (*www.viking.de*).

Sammelmappen, z. B. von Labbé (*www.labbe.de/shop*), eignen sich zur Aufbewahrung von vergrößerten Spielplänen.

Sammelordner / Schnellhefter, in denen die Lesematerialien in Klarsichthüllen abgeheftet sind, bieten sich an.

Kontrollmöglichkeiten

Selbstkontrolle: Hierbei sollten die Materialien auf der Rückseite mit Lösungs- oder Kontrollzeichen versehen werden oder es stehen Kontrollblätter bereit.

Chefprinzip: Neben der **Lehrerkontrolle** ist auch die Kontrolle durch andere Kinder nach dem „Chefprinzip" sinnvoll.

Motivationshilfen

Leseurkunde: Um die Kinder zu motivieren und ihnen einen Anreiz zu schaffen, verleihen wir Leseurkunden. Eine solche Urkunde erhält jedes Kind unter großem Applaus, sobald es das Leseprinzip verinnerlicht hat und etwa zwei bis drei einfache Sätze vorlesen kann.

Leseausweis/Lesekrone: Um den Lernzuwachs bzw. die Leistung zu würdigen, können alternativ auch Leseausweise oder eine Lesekrone verteilt werden.

Lesethron/Lesestuhl: Dies ist ein ganz besonderer Stuhl (ansprechend gestaltet durch Farbe, Aufkleber, Kissen, buntes Tuch/Decke usw.). Auf diesem dürfen die Leseanfänger sitzen, wenn sie den anderen Kindern ihre Lesekunst präsentieren.

Lesehilfen

Leserakete: Haben die Kinder erste Laute kennengelernt, können sie Laute zu einem Wort zusammenziehen (Lautsynthese). Mit Hilfe der Leserakete können Wörter Buchstabe für Buchstabe aufgedeckt werden. Wichtig hierbei ist das gedehnte Sprechen, d. h., die Kinder lassen einen Buchstaben so lange klingen, bis der nächste aufgedeckt wird. Gerade für Leseanfänger sind Leseübungen mit der Leserakete besonders hilfreich, vor allem wenn andere Kinder dabei laut mitsprechen.

Lesemaschine: Die Buchstaben eines Wortes bzw. eines Satzes werden durch Herausschieben des Lesestreifens sichtbar. Ein Wort wird aufbauend gelesen. Die Lesemaschine bietet somit eine Unterstützung für das synthetisierende Lesen. Zunächst erlesen die Kinder buchstabenweise ein Wort. Mit zunehmender Lesegeschwindigkeit können die Lese- bzw. Satzstreifen dann schneller durch die Lesemaschine gezogen werden.

Spielbeschreibungen

Lotto: (Thema: Schule) Kopieren Sie die Spielpläne (Tabelle mit Bildern) mehrfach. Je nach Lernstand des Kindes kann das Lotto entweder mit Anlautbuchstaben oder Wörtern gespielt werden. Das Kind ordnet den Anlaut/das Wort dem passenden Bild zu und legt es auf dem Spielplan ab. So fährt es fort, bis alle Felder belegt sind.

Bingo: (Thema: Herbst) Kopieren Sie die Spielpläne ggf. vergrößert und mehrfach. Die Buchstabenkarten werden kopiert, zerschnitten und verdeckt auf einen Stapel gelegt. Das Spiel wird mit zwei Spielern gespielt. Jedes Kind erhält einen Spielplan und mehrere Plättchen (bzw. Muggelsteine). Abwechselnd deckt immer ein Kind eine Buchstabenkarte auf. Beide Kinder schauen auf ihrem Spielplan nach einem Bild mit dem entsprechenden Anlaut und dürfen es mit einem Plättchen belegen. Dann ist der andere Spieler dran. Wer zuerst vier Plättchen waagerecht, senkrecht oder diagonal auf seinem Spielplan liegen hat, darf laut „Bingo" rufen und hat gewonnen.

BVK PA26 • Julia Bracke/Birgit Giesen: Lesethron Band 1

Material:

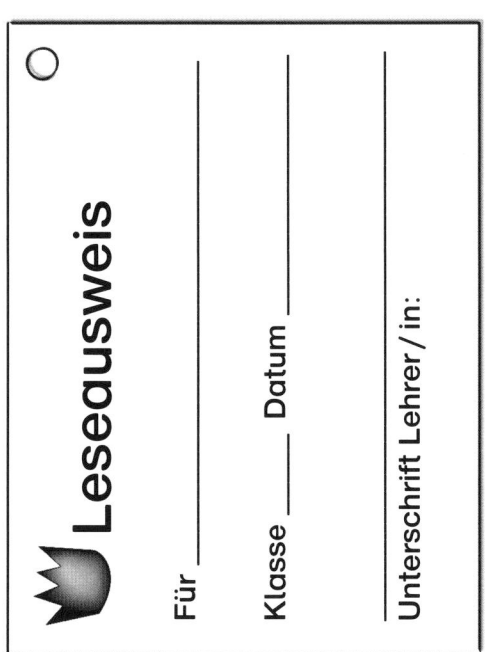

Leseausweis

Für _____

Klasse _____ Datum _____

Unterschrift Lehrer / in: _____

Leserakete

Material:

Leseurkunde

Liebe / r _____

Prima!

Du hast mir heute gezeigt,
dass du das Lesen gelernt hast.

Super, ich bin sehr stolz auf dich.

_____
Unterschrift Lehrer / in

Lesemaschine

Hinweis zur Lesemaschine:
Doppelt kopieren und an den Rändern zusammenheften.

Thema: Schule

Inhaltsverzeichnis

Memory: Groß- und Kleinbuchstaben

A	a	E	e
I	i	L	l
O	o	R	r
S	s	T	t
M	m	N	n

Schule

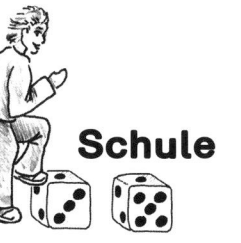

Angebot 2

Anlaut-Paare

Was gehört zusammen?

Lege passende Bilder zu einem Viereck zusammen.

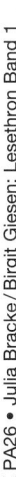

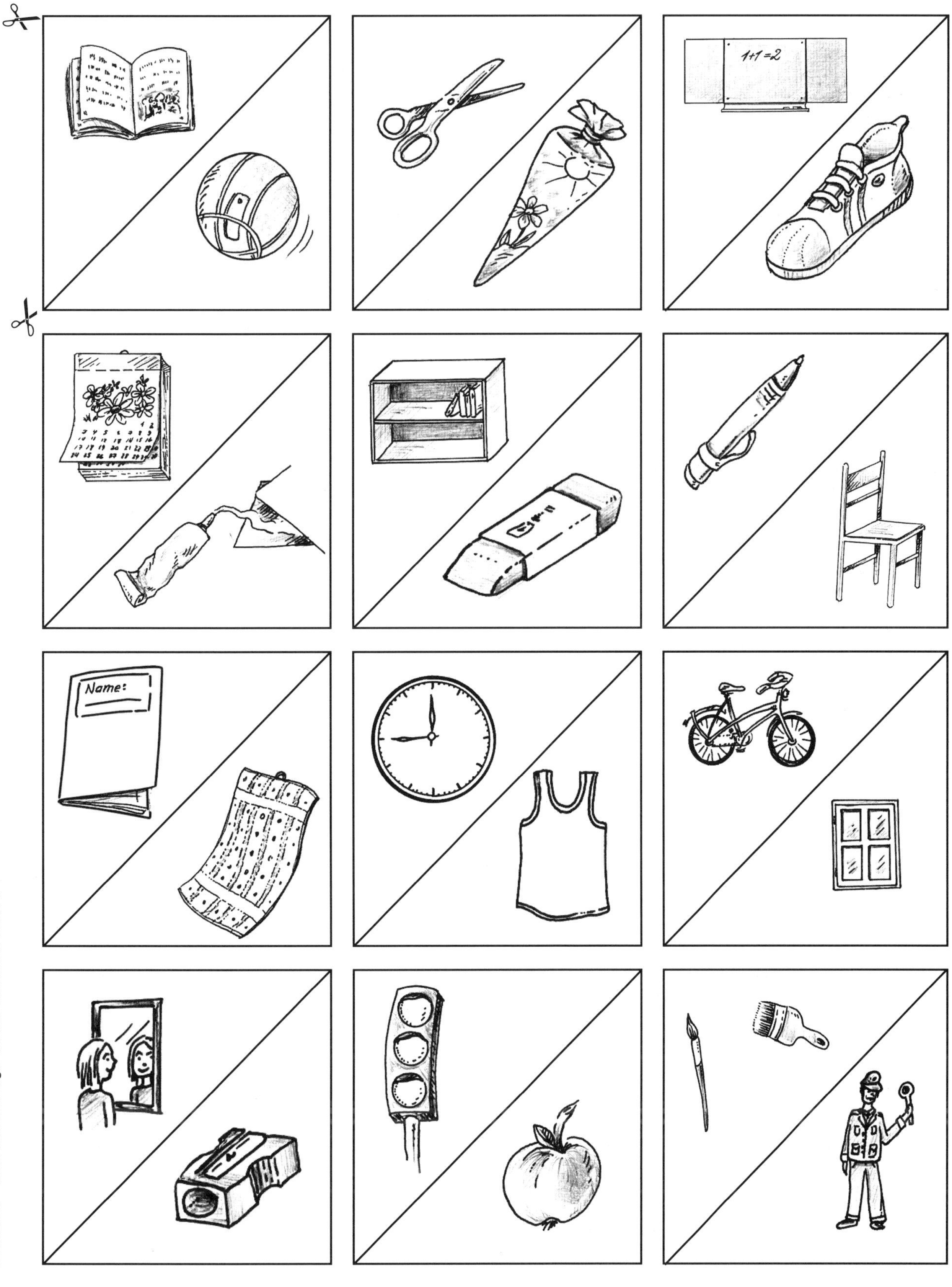

BVK PA26 • Julia Bracke/Birgit Giesen: Lesethron Band 1

Lotto: Bild – Anlaut / Bild – Wort

Würfel	Bild	Ordner	Seil
Teppich	Puppe	Lineal	Jacke
Flöte	Kasper	Zaun	Uhr
W	B	O	S
T	P	L	J
F	K	Z	U

Angebot 3

Lotto: Bild – Anlaut / Bild – Wort

✂ ....

Angebot 4

Lesestreifen

| lesen   *   malen   *   melden |

| Tafel   *   Lampe   *   Tisch   *   Kind |

| Papier * Heft * Buch * Ranzen |

| Ich * male * ein * Bild. |

| Wir * turnen * in * der * Halle. |

| In * der * Pause * spielen * wir * auf * dem * Hof. |

Schule

Angebot 5

Anlautspiel: Auf dem Schulhof

Würfelt abwechselnd.

Wer auf einen Stein mit einem Bild kommt, muss den Anlaut benennen.

Ist der Anlaut richtig, darf der Spieler 1 Feld vorrücken.

Kann der Spieler noch ein weiteres Wort mit gleichem Anlaut nennen,

darf er 2 Felder vorrücken. Bei falscher Antwort bleibt er stehen.

Wer zuerst am Ziel ist, hat gewonnen!

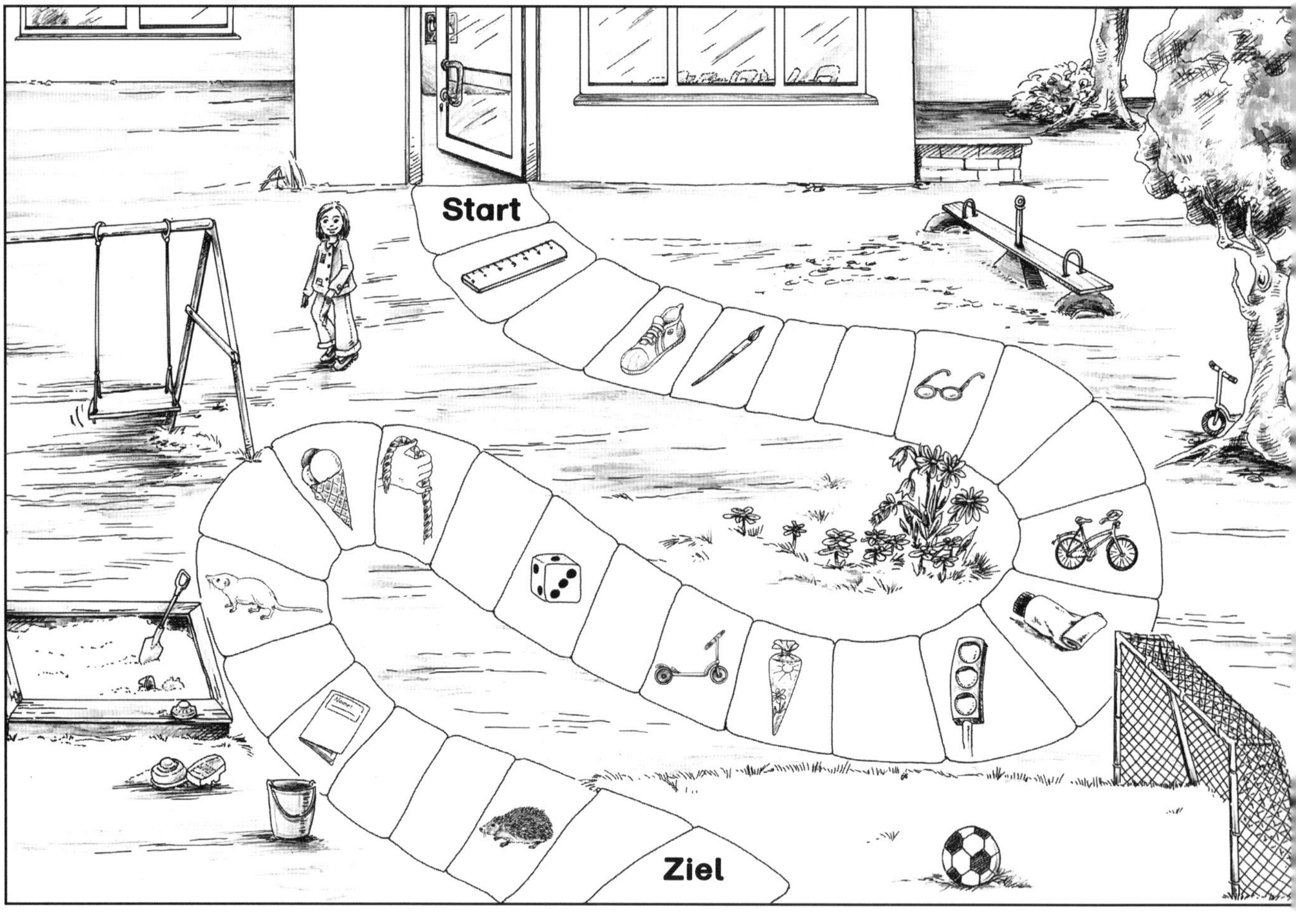

Start

Ziel

Domino: Bild – Wort

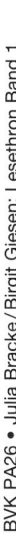

START (Schule)		Tafel	
Lineal		Brille	
Lupe		Pinsel	
Regal		Ball	
Puppe		Roller	
Heft		Jo-Jo	
Wippe		Lego	
Sand		Rasen	**ENDE**

BVK PA26 • Julia Bracke / Birgit Giesen: Lesethron Band 1

Angebot 7

Bild-Satz-Zuordnung: In der Schule

Finde den passenden Satz zum Bild.

| | Die Kinder kommen zur Schule. |

| | Alle Kinder lesen. |

| | Lena isst ein Brot. |

| | Die Kinder spielen mit dem Ball. |

| | Alle malen ein Bild. |

| | Es klingelt. Alle gehen nach Hause. |

Suchbilder

Lege die Wörter richtig auf die Bilder.

In der Klasse

$2 + 2 = 4$

oder

Auf dem Schulhof

Tischtennis spielen	Verstecken spielen	Ball spielen	Seilchen springen
Gummitwist	Hüpfekästchen	klettern	Fangen spielen
Bücher lesen	Karten spielen	Bilder malen	Domino spielen
Aufgaben rechnen	Tafel putzen	frühstücken	leise sein

Was ist richtig? Im Straßenverkehr

➡ Kreuze an.

An der roten Ampel
- [ ] gehe ich über die Straße.
- [ ] bleibe ich stehen.
- [ ] winke ich den Autofahrern zu.

Damit ich besser gesehen werde, ...
- [ ] ziehe ich dunkle Kleidung an.
- [ ] trage ich eine Brille.
- [ ] ziehe ich helle Kleidung an.

Wenn mein Ball auf die Straße rollt, ...
- [ ] laufe ich sofort hinterher.
- [ ] rufe ich meine Mama an.
- [ ] warte ich, bis die Straße frei ist.

Wenn ich am Zebrastreifen ankomme, ...
- [ ] muss ich warten, bis die Autos halten.
- [ ] darf ich sofort losgehen.
- [ ] darf ich nur drüberhüpfen.

Wenn ich über die Straße will, ...
- [ ] höre ich nur, ob ein Auto kommt.
- [ ] schaue ich nach links, rechts, links.
- [ ] warte ich, bis mein Lehrer kommt.

Es ist gefährlich, wenn ich ...
- [ ] mit dem Fahrrad auf dem Gehweg fahre.
- [ ] mit dem Fahrrad auf der Straße fahre.
- [ ] mit dem Fahrrad zum Mond fahre.

BVK PA26 • Julia Bracke / Birgit Giesen: Lesethron Band 1

Angebot 10

Verkehrszeichen-Memory

Drei Karten gehören zusammen. Lege sie nebeneinander.

	gemeinsamer Fußgänger- und Fahrradweg	Diesen Weg dürfen Fahrradfahrer und Fußgänger gemeinsam benutzen.
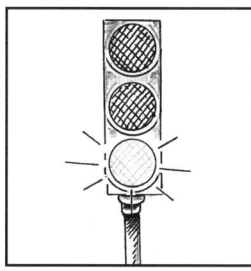	grüne Ampel	Bei Grün darf ich über die Straße gehen.
	Fußgängerüberweg	Wenn die Autos gehalten haben, darf ich über den Zebrastreifen gehen.
	Spielstraße	Hier darf man nur im Schritttempo fahren.
	Achtung Baustelle	Achtung Baustelle! Hier muss ich besonders aufpassen.
	getrennter Fußgänger- und Fahrradweg	Auf diesem Weg fahren Fahrradfahrer rechts. Die Fußgänger gehen links.

BVK PA26 • Julia Bracke / Birgit Giesen: Lesethron Band 1

Angebot 11

Textteile sortieren: Ein Schultag

Bringe die Textteile in die richtige Reihenfolge.

S Morgens gehe ich zur Schule.
Vor dem Unterricht spiele ich auf dem Schulhof.
Manchmal schaue ich mir in der Klasse ein Buch an.

P In der ersten Stunde machen wir Freiarbeit.
Ich spiele mit meinem Freund ein Spiel.
Die Lehrerin schaut meine Hausaufgaben nach.

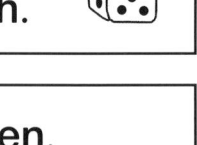
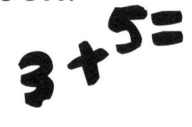

I In der zweiten Stunde rechnen wir Plusaufgaben.
Die kann ich besonders gut.
Am liebsten mache ich die Knobelaufgaben.

$3+5=$

E Dann ist schon Pause.
Heute hole ich den Kakao.
Zum Frühstück gibt es ein Brot.

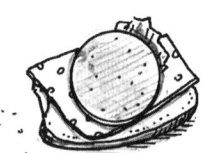

L Endlich dürfen wir auf den Schulhof. Wir spielen Fangen.
Manchmal gibt es Streit mit den Großen.
Heute spielen alle zusammen.

E Es schellt.
Alle Kinder stellen sich auf.
Wir gehen wieder in die Klasse.

N In Kunst basteln wir Blumen für die Fenster.
Das macht viel Spaß.
Dann ist die Schule aus.

Angebot 12

Spiel: Lesen mit Bewegung

Würfle mit zwei Würfeln. Rechne die Plusaufgabe.

Was musst du tun?

2	Stelle deine Schultasche ans Fenster. Sage: Hier ist es schön hell!
3	Klatsche 3-mal. Sage: Zicke-zacke, zicke-zacke, hoi, hoi, hoi.
4	Krieche unter einen Tisch. Belle wie ein Hund.
5	Lege die Schere auf den Boden. Sage: Vorsicht, nicht drauftreten.
6	Steige auf einen Stuhl. Sage: So eine tolle Aussicht!
7	Hüpfe wie ein Frosch um den Tisch.
8	Male eine große 8 an die Tafel.
9	Gehe leise an die Tür. Summe ein Lied.
10	Schnipse mit den Fingern. Kannst du es nicht, pfeife.
11	Gehe vor die Tür. Klopfe 3-mal an.
12	Stelle dich auf ein Bein. Zähle dabei bis 10.

Zicke-zacke, zicke-zacke, hoi, hoi, hoi

1, 2, 3, 4, 5, 6, 7, 8, 9, 10

BVK PA26 • Julia Bracke / Birgit Giesen: Lesethron Band 1

Thema: Herbst

Inhaltsverzeichnis

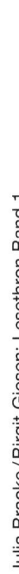
BVK PA26 • Julia Bracke / Birgit Giesen: Lesethron Band 1

Domino: Groß- und Kleinbuchstaben

Start (Herbst)	**B**

b	**K**

k	**H**

h	**D**

d	**P**

p	**F**

f	**U**

u	**G**

g	**S**

s	**W**

w	**R**

r	**Ende**

Anlaut-Paare

Was gehört zusammen? Lege passende Bilder zum Blatt zusammen.

Herbst

Anlaut-Bild-Zuordnung

✎ Streiche unpassende Bilder durch.

H			
B			
U			
P			
F			

✎ Streiche unpassende Anlaute durch.

	L	**B**	**D**
	H	**K**	**P**
	S	**W**	**R**
	N	**F**	**G**
	M	**W**	**T**

Angebot 4

Anlaute finden

Was hörst du am Wortanfang? ➜ Kreuze an.

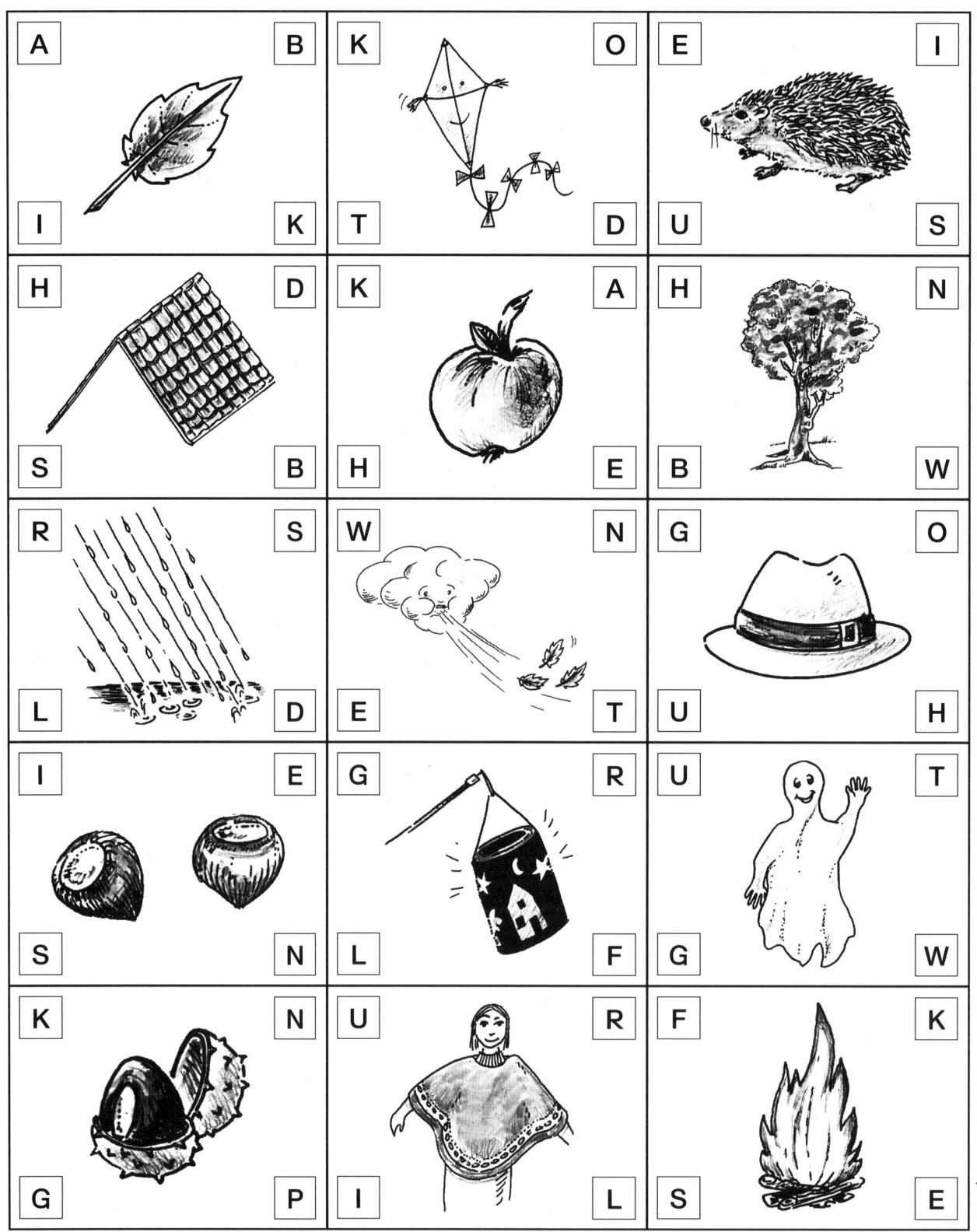

Herbst

Angebot 5

Anlaut-Bingo

BVK PA26 • Julia Bracke / Birgit Giesen: Lesethron Band 1

Angebot 5

Anlaut-Bingo

H	S	B	I
P	K	D	M
A	N	F	W
L	R	G	U

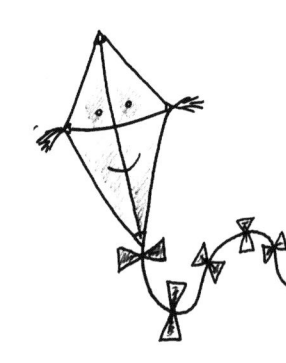

Angebot 6

Lesestreifen

LATERNE * REGEN * BLATT
IGEL * WIND * PILZ
Es * ist * Herbst.
Der * Wind * pustet.
Kinder * lassen * Drachen * steigen.
Die * Blätter * fallen * von * den * Bäumen.
Die * Tiere * suchen * Futter * für * den * Winter.

Silben-Domino

START (Herbst)	die Wol-	ke	der Re-
gen	die Later-	ne	die Vö-
gel	der Ap-	fel	der Kür-
bis	die Kasta-	nie	das Ge-
spenst	die Kartof-	fel	der Um-
hang	der Man-	tel	der Dra-
chen	die Fleder-	maus	die Wind-
mühle	die Son-	ne	**ENDE**

Herbst

Angebot 8

Lese-Mal-Buch: Mein Igel-Buch

✂ Schneide die Seiten aus und hefte sie hintereinander.

Mein Igel-Buch

Name: _____

1

Abends wacht der Igel auf.
Er sucht nach Futter.
Er frisst gerne Schnecken,
Käfer und Würmer.

2

Der Igel hat Feinde.
Die Stacheln schützen ihn.
Ein Igel hat 16 000 Stacheln.

3

Bei Gefahr rollt sich der Igel ein.
Er ist dann eine stachelige Kugel.

4

BVK PA26 • Julia Bracke / Birgit Giesen: Lesethron Band 1

Lese-Mal-Buch: Mein Igel-Buch

Der größte Feind ist der Mensch.
Viele Igel werden von Autos
überfahren.

5

Der Igel hält Winterschlaf.
Im Herbst sucht er dafür einen
geschützten Platz.
Gerne mag er Blätterhaufen.

6

Im Winter liegt er im Nest.
Er bewegt sich nicht.
Er frisst auch viele Monate nichts.

7

Bald ist der Winter vorbei.
Auch der Igel wird munter.
Er krabbelt aus dem Nest in die
Sonne.

8

Angebot 9

Lesetext: Was ist richtig?

Es ist Herbst. Warum werden die Blätter braun?

Ein Blatt ist wie eine Fabrik.

Es braucht Sonne um zu leben.

Mit der Kraft der Sonne werden die Blätter grün.

Mit der Hilfe der Sonne können Blätter wichtige Stoffe herstellen.

Sie geben uns frische Luft.

Im Winter machen die Blätter eine Pause. Sie ruhen sich aus.

Auch die Sonne scheint nicht mehr so viel.

Dann verliert das Blatt die grüne Farbe. Es wird ganz bunt: gelb, rot, braun.

Später fallen die Blätter ab.

Kreuze an.

Ein Blatt braucht viel Sonne.	ja	nein
Durch die Sonne werden die Blätter blau.	ja	nein
Im Winter scheint mehr Sonne als im Sommer.	ja	nein
Durch die Sonne werden die Blätter grün.	ja	nein
Im Herbst werden die Blätter rosa.	ja	nein

Halloween

Am 31. Oktober feiern die Kinder in Amerika Halloween.

Am Abend verkleiden sich die Kinder als Hexen, Vampire oder Geister.

Sie ziehen durch die Straßen und rufen:

„Streich oder Überraschung". Das heißt auf Englisch: „trick or treat".

Die Leute geben den Kindern lieber Süßigkeiten.

Sie wollen ja keine böse Überraschung erleben.

Kreuze an.

Halloween kommt aus	Italien.	Amerika.
Die Kinder verkleiden sich als	Geister.	Indianer.
Sie gehen durch die	Wohnung.	Straßen.
Sie bekommen	Süßigkeiten.	Pommes.

BVK PA26 • Julia Bracke/Birgit Giesen: Lesethron Band 1

Domino: Vögel im Herbst

Start (Herbst)	Wie nennt man Vögel, die im Herbst wegfliegen?
Das Wegfliegen ist angeboren. Zugvögel fliehen vor der Kälte.	Welche Vögel sind Zugvögel?
Standvögel	Welche Vögel sind Standvögel?
Sie plustern ihre Federn auf. Das ist wie eine warme Decke.	Woran erkennen die Zugvögel, dass sie losfliegen müssen?
Man soll Vögel nur füttern, wenn es viel geschneit hat und der Boden gefroren ist.	Womit kann man Vögel füttern?

Zugvögel	Warum ziehen Zugvögel in warme Länder?
Störche, Stare, Schwalben, Lerchen sind Zugvögel.	Wie nennt man Vögel, die im Winter bleiben?
Meisen, Finken, Spechte, Drosseln, Rotkehlchen sind Standvögel.	Wie schützen sich die Vögel vor der Kälte?
Weil die Tage kürzer werden und sie nicht mehr so viel zu fressen finden.	Soll man Vögel füttern?
Manche fressen Körner, andere kann man mit Weichfutter füttern.	**Ende**

Thema: Weihnachten

Inhaltsverzeichnis

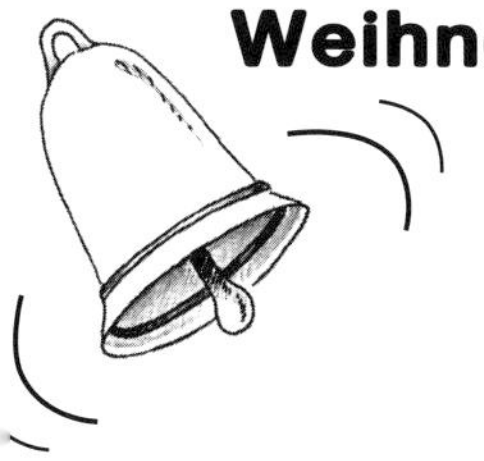

Weihnachten

Angebot 1

Anlautspiel: Wie heißt der Anlaut?

Würfelt abwechselnd.

Kommst du auf ein Bild, sage den Anlaut.

Ist der Anlaut richtig, rücke ein Glöckchen weiter.

Wenn du ein weiteres Wort mit dem Anlaut sagen kannst,

darfst du noch ein Glöckchen weiterrücken.

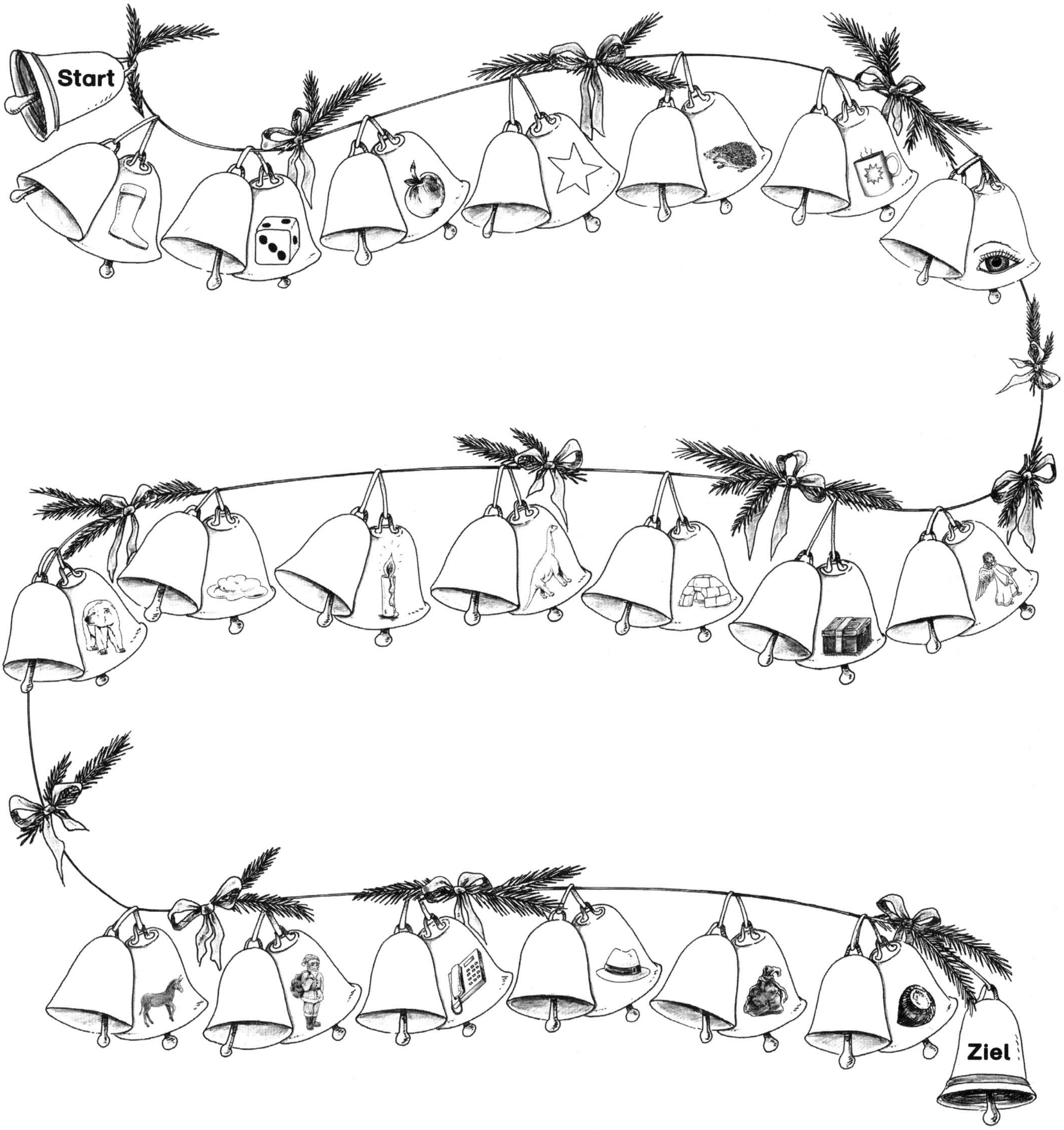

Domino: Wortanfang

START (Weihnachten)		**Ke**	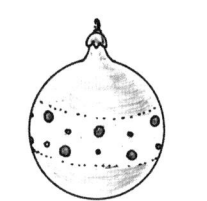
Ku		**Ste**	
Kr		**Ki**	
Wa		**Ad**	
Le		**Ni**	
Stro		**Ta**	
Ka		**Nu**	**ENDE**

Angebot 3

Memory: Weihnachtswörter

Kranz		Kirche	
Nuss		Stern	
Nikolaus		Kugel	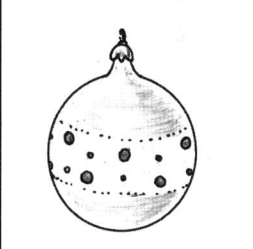
Kerze		Krippe	
Kamel		Tanne	
Engel		Sack	

BVK PA26 • Julia Bracke / Birgit Giesen: Lesethron Band 1

Angebot 4

Bild-Wort-Zuordnung

Wie heißt es richtig? ➡ Kreuze an.

☐ Palme ☐ Paket ☐ Post	☐ Ente ☐ Esel ☐ Engel
☐ Glocke ☐ Glucke ☐ Globus	☐ Tonne ☐ Tanne ☐ Turm
☐ Kamm ☐ Kranz ☐ Kralle	☐ Kugel ☐ Kegel ☐ Kern
☐ Nuss ☐ Null ☐ Nummer	☐ Sand ☐ Sack ☐ Salto
☐ Kern ☐ Kerl ☐ Kerze	☐ Stempel ☐ Sturm ☐ Stern

Weihnachten

Angebot 5

Lesestreifen

am * im * der * die * das

ein * eine * mein * meine * dein * deine

rote Kerze * grüner Baum * bunte Kugeln

Ich * male * ein * Bild.

Es * ist * der * erste * Advent.

Mutter * backt * leckere * Plätzchen.

Angebot 6

Bild-Wort-Zuordnung: Der Nikolaus

1	Mütze

2	Bart

3	Hand

4	Sack

5	Stiefel

6	Gürtel

7	Geschenk

8	Hose

BVK PA26 • Julia Bracke / Birgit Giesen: Lesethron Band 1

Angebot 7

Was stimmt? Weihnachtszeit

Was gehört in die Weihnachtszeit? ✏ Kreuze an.

ein roter Sonnenhut	☐ ja	☐ nein
ein Tannenbaum	☐ ja	☐ nein
drei heilige Könige	☐ ja	☐ nein
ein Freibad	☐ ja	☐ nein
ein Teller mit Keksen	☐ ja	☐ nein
ein lieber Nikolaus	☐ ja	☐ nein
ein Geschenk	☐ ja	☐ nein
ein wilder Pirat	☐ ja	☐ nein
Sterne basteln	☐ ja	☐ nein
eine Melone	☐ ja	☐ nein
ein Kaktus	☐ ja	☐ nein
ein Engel	☐ ja	☐ nein

Lese-Mal-Auftrag: Der schöne Tannenbaum

Lies und ➝ male.

Der Tannenbaum hat 9 bunte Kugeln.

Er hat 7 rote Kerzen. Sie brennen alle.

Auf dem Baum ist ein gelber Stern.

Es liegen 3 braune Pakete unter dem Tannenbaum.

Du stehst neben dem Baum.

Für den Notfall steht ein Wassereimer bereit.

Was stimmt? Unser Weihnachtsbaum

Tanne

Fichte

Was stimmt?		
Der Baum ist auch im Winter grün.	☐ Tanne	☐ Fichte
Der Baum hat Nadeln.	☐ Tanne	☐ Fichte
Die Zapfen hängen.	☐ Tanne	☐ Fichte
Die Zapfen stehen.	☐ Tanne	☐ Fichte
Die Zapfen fallen ab.	☐ Tanne	☐ Fichte
Die Zapfen bleiben stehen.	☐ Tanne	☐ Fichte
Welcher Baum wird größer?	☐ Tanne	☐ Fichte
Der Baum sieht spitzer aus.	☐ Tanne	☐ Fichte
Der Baum sieht eher rund aus.	☐ Tanne	☐ Fichte

Angebot 9
Bandwurmtext: Feuer

✏️ Finde die Wortgrenzen. ✏️ Kreuze unten an.

FEUER

FEUER∣IST∣GEFÄHRLICH.

ABERESGIBTUNSLICHTUNDWÄRME.

FEUERBRAUCHTLUFT,DAMITESBRENNENKANN.

DUKANNSTFEUERMITWASSERLÖSCHEN.

ODERDUERSTICKSTESMITEINERDECKE.

BEIFEUERRUFEDIE112AN.

DANNKOMMTDIEFEUERWEHR.

VORSICHT,SPIELENIEMITFEUER!

Feuer gibt uns	☐ Durst. ☐ Wärme. ☐ Geld.
Zum Brennen braucht Feuer	☐ Wasser. ☐ Luft. ☐ Licht.
Feuer kannst du löschen mit	☐ einer Löschdecke. ☐ Wasser. ☐ Wind.
Spiele nie mit	☐ einem Feuerzeug. ☐ Streichölzern. ☐ Freunden.
Die Nummer der Feuerwehr ist	☐ 110. ☐ 120. ☐ 112.

Thema: Winter

Inhaltsverzeichnis

Angebot 1

Anlaut-Domino

Start ➤ (Winter)		**Sch**	
St	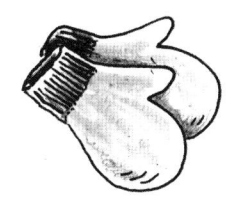	**H**	
Au		**G**	
U	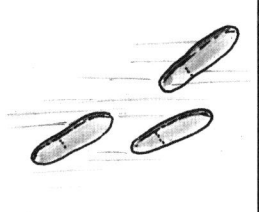	**Sp**	
S		**Z**	
E		**Ei**	◄ **Ende** 

Angebot 2

Anlaut – Inlaut – Endlaut

Wo hörst du sch? ✏️ Kreuze an.

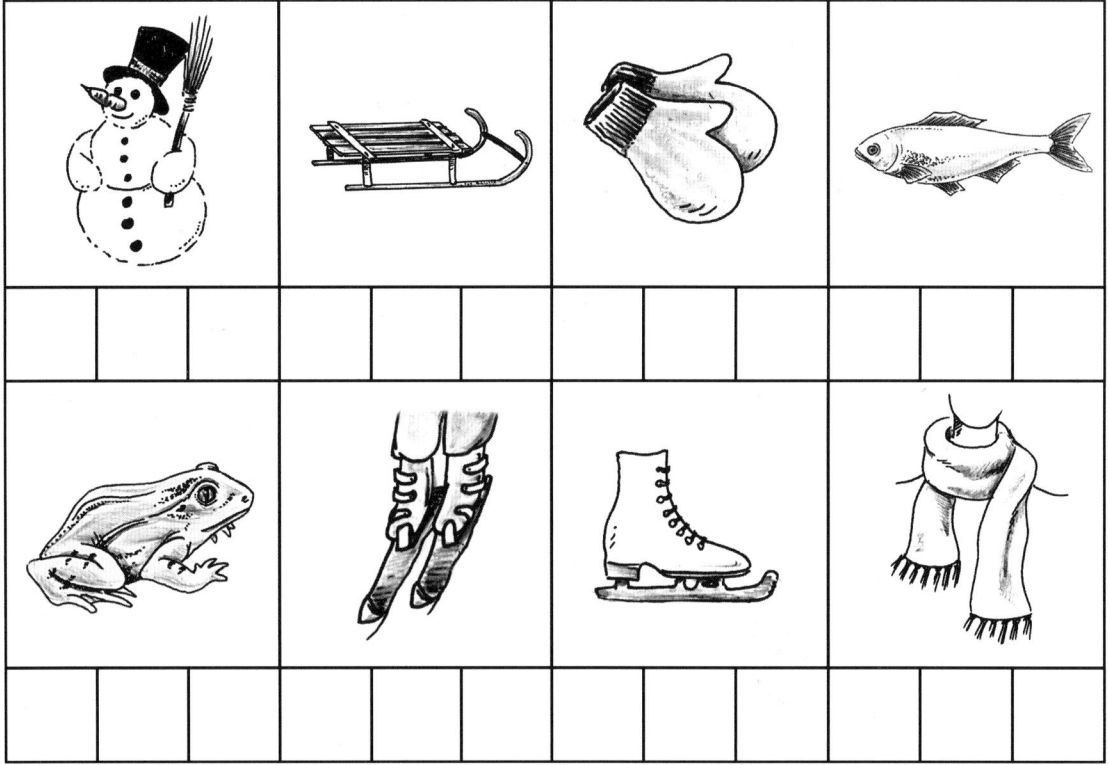

Wo hörst du st und sp? ✏️ Kreuze an.

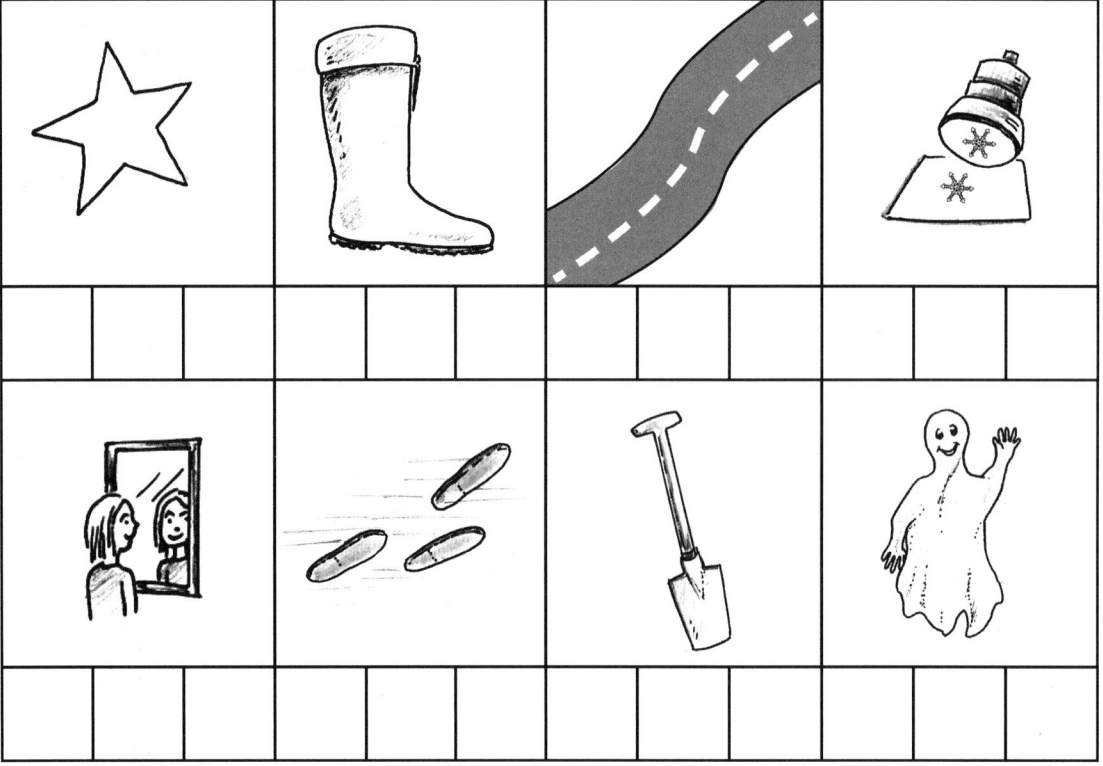

Würfelspiel

Würfle und rücke auf das Bild. Sprich deutlich.

Hörst du ein Sch / sch, **darfst du 1 Feld vorrücken.**

Hörst du ein Sp / sp, **darfst du 2 Felder vorrücken.**

Hörst du ein St / st, **gehe ein Feld zurück.**

Hörst du keinen der Laute, **bleibe stehen.**

BVK PA26 • Julia Bracke / Birgit Giesen: Lesethron Band 1

Wort-Bild-Zuordnung

 Lies das Wort. Suche das Bild. ✏ Schreibe die Nummer zum Wort.

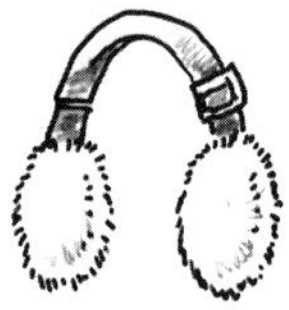

1

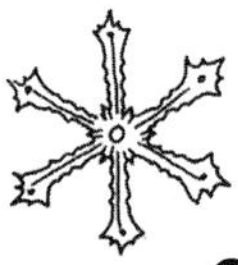

2

☐ Iglu

☐ Handschuhe

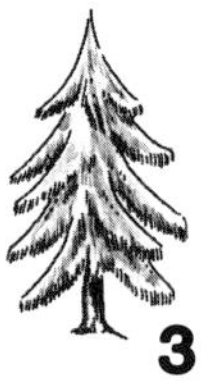

3

☐ Schneemann

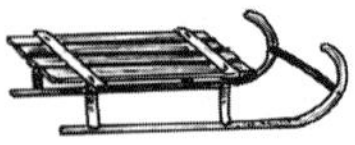

11

☐ Vogelhaus

☐ Schneeball

☐ Mütze

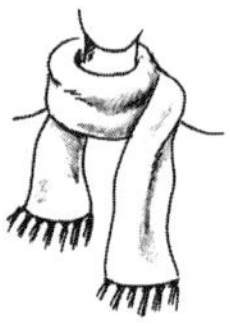

4

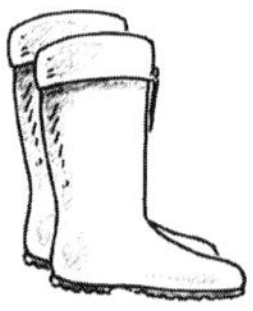

5

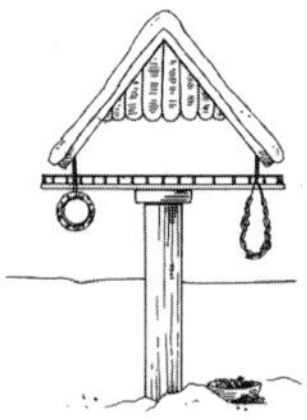

☐ Zapfen

6

☐ Sterne

☐ Schlitten

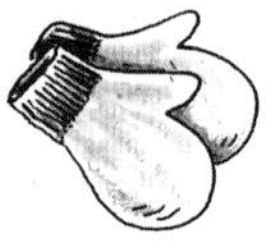

7

☐ Schlittschuhe

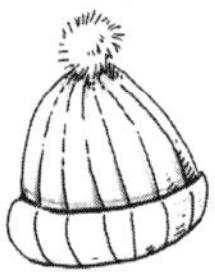

8

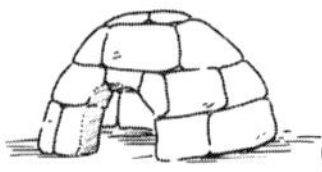

☐ Tanne

9

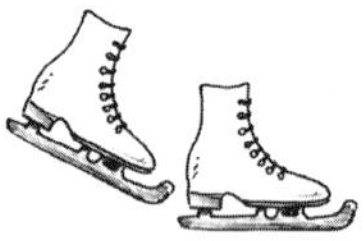

☐ Schal

10

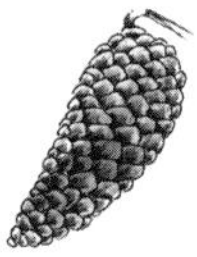

14

☐ Schneeflocke

☐ Ohrwärmer

☐ Stiefel

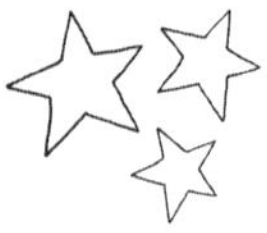

15

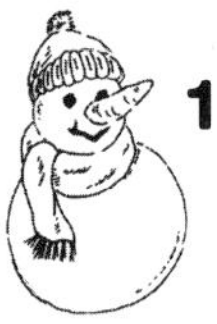

12

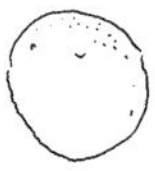

13

Start	Iglu	Elch	Schal	
				Reh
Maus	Hase		Schlitten		

| Stern | 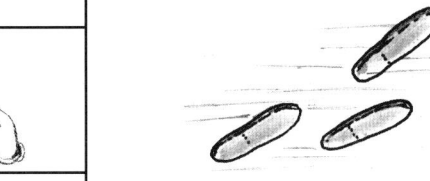 | Schnee | Schirm |  |  |

					Zapfen
Ziel	Würfle. Landest du auf einem Wortfeld, dann  lies das Wort. Hast du richtig gelesen, rücke auf das passende Bild vor. Kannst du es nicht lesen, bleibe stehen.			Stiefel
		Jacke	Eisbär	Mütze	

BVK PA26 • Julia Bracke / Birgit Giesen: Lesethron Band 1

Angebot 6

Was ist richtig?

👓 Lies und ✏️ kreuze an.

Im Winter ...

ziehen wir warme Sachen an.	ja	nein
gehen wir ins Freibad.	ja	nein
ist es sehr kalt.	ja	nein
fahren wir mit dem Schlitten.	ja	nein
feiern wir Ostern.	ja	nein
halten Tiere Winterschlaf.	ja	nein
stellen wir die Heizung an.	ja	nein
pflücken wir Blumen.	ja	nein
kann es Glatteis geben.	ja	nein
wird es früh dunkel.	ja	nein
streuen wir Zucker auf den Weg.	ja	nein
tragen wir Sandalen.	ja	nein
schneit es.	ja	nein

BVK PA26 • Julia Bracke / Birgit Giesen: Lesethron Band 1

Angebot 7

Memory: Tiere im Winter

Er kriecht
unter einen
Laubhaufen und
schläft.

Er ist im
Wasser, unter
Steinen oder im
Schlamm.

Er schläft in
einer Erdhöhle.
Dort frisst er
seine Vorräte.

Er fliegt
in das warme
Afrika.

Er kriecht
unter die
Baumrinde.

Sie verschließt
ihr Haus
und kriecht
unter Laub.

Sie stellen
sich mit vielen
zusammen. Das
hält warm.

Sie bekommt
dichte Federn.
Sie bleibt im
Wasser hinter
Schilf und
Gräsern.

Es schläft in
seinem Kobel.
Bei Hunger sucht
es Futter.

Er bekommt
ein dickes Fell.
Er muss sich
Futter suchen.

BVK PA26 • Julia Bracke / Birgit Giesen: Lesethron Band 1

Domino: Das Eichhörnchen

Start

(Winter)

Im Herbst sammelt das Eichhörnchen Nüsse, Eicheln und Bucheckern für den Winter.

Einen Teil seiner Nahrung vergräbt es in der Erde.

Das Nest heißt Kobel. Der Kobel besteht aus Zweigen, Moos und Laub.

Im Winter rollt sich das Eichhörnchen zusammen. Es schläft. Das nennt man Winterruhe.

Nur wenn es Hunger hat, wacht das Eichhörnchen auf. Dann holt es sich die Vorräte aus dem Boden.

Ende

Mini-Buch: Vögel im Winter

✂ Schneide die Seiten aus und hefte sie hintereinander.

Vögel im Winter

Name: _____

1

Male aus:
Futterhaus, Meisenring, Erdnusskette

2

Die Kohlmeise

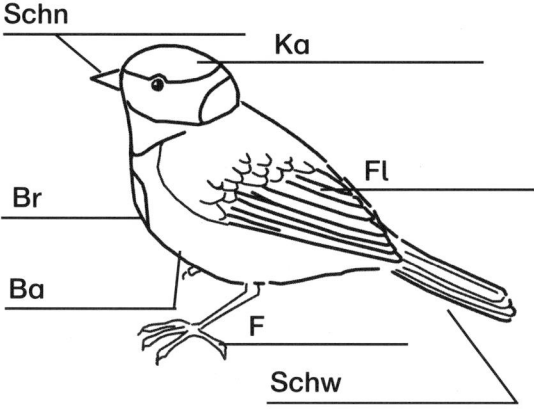

Schn

Ka

Fl

Br

Ba

F

Schw

✏ **Trage die Wörter ein:**
Brust, Flügel, Schnabel, Fuß, Schwanz, Bauch, Kappe

3

Amsel (Männchen)

Federn: schwarz
Schnabel: gelb

4

Angebot 9

Mini-Buch: Vögel im Winter

Kohlmeise

Kopf: schwarz mit weißem Fleck

Bauch: gelb

Flügel: blau-grün mit weißem Streifen

5

Buchfink

Bauch: hellbraun

Kappe: blaugrau

Flügel: schwarz mit zwei weißen Streifen

6

Rotkehlchen

Kopf und Flügel: braun

Hals: orange-rot

Bauch: weiß

7

Dompfaff

Bauch und Brust: rot

Kappe: schwarz

Flügel: schwarz mit weißem Streifen

8

Bild-Text-Zuordnung: Am Futterhaus

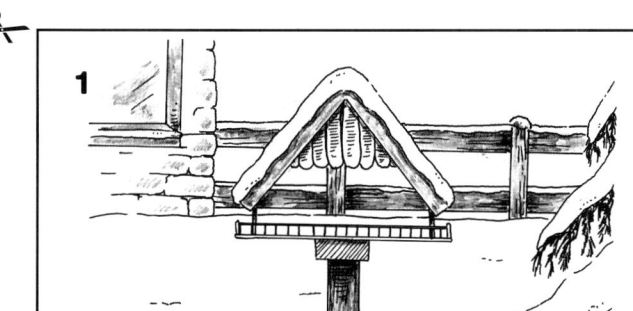

Gestern hat es sehr geschneit.
Vater hat ein Futterhaus
gebaut.
Es steht im Garten.

Lisa darf die Vögel füttern.
Sie streut Kerne, Nüsse und
Haferflocken.

Für die Meisen hängt Lisa
Meisenknödel auf.
Meisen können sich daran
festhalten.

Auf einmal kommt der Kater.
Er will einen Vogel fangen.
Lisa verscheucht ihn.

Angebot 11

Lesetext: Was ist richtig?

Schnee und Eis

Im Winter kann es schneien.

Aus den Wolken fällt Regen.
Wenn es kalt wird, verwandelt sich der Regen zu Schneeflocken.
Sie fallen auf die Erde und alles wird weiß.
Die Kinder bauen einen Schneemann.
Wenn es wärmer wird, taut der Schnee zu Wasser.

Wenn es ganz besonders kalt wird, friert es.
Das heißt, das Wasser wird zu Eis.
Dann bildet sich eine Eisdecke auf Pfützen, Teichen und Seen.
Wenn das Eis dick genug ist, kann man darauf gehen.
Bei Wärme schmilzt das Eis wieder zu Wasser.

Kreuze an.

Im Winter fallen ☐ Schneeflocken. ☐ Blätter.

Schnee bildet sich bei ☐ Wärme. ☐ Kälte.

Wenn es friert, wird Wasser ☐ zu Eis. ☐ zu Dampf.

Regen und Schnee fallen aus ☐ dem Himmel. ☐ den Wolken.

Angebot 12

Lese-Mal-Buch: Mein Schneemann

 Schneide die Seiten aus und hefte sie hintereinander.

Lese-Mal-Buch von:

_____

1

Es schneit. Überall liegt Schnee.
Alles ist weiß. Auch die Bäume
haben eine weiße Mütze.

2

Es ist kalt. Ich ziehe mich ganz
warm an: meine roten Stiefel, die
blaue Jacke, die schwarze Hose,
die grüne Mütze und den grünen
Schal.

3

Ich ziehe meine roten Handschuhe an
und dann geht es los. Ich gehe durch
den Schnee in den Garten. Ich werfe
einen Schneeball.

4

BVK PA26 • Julia Bracke / Birgit Giesen: Lesethron Band 1

Lese-Mal-Buch: Mein Schneemann

Aus Schnee forme ich eine klei-
ne Kugel. Ich rolle sie durch den
Schnee. Sie wird immer größer.

5

Dann mache ich noch eine Kugel.
Eine ist für den Körper und eine
für den Kopf.
Ich stelle beide Kugeln aufeinander.

6

Eine Möhre ist die Nase. Zwei Steine
sind die Augen. Ein Stück Holz ist
der Mund.

7

Dann setze ich dem Schneemann
meine Mütze auf. Meinen Schal lege
ich ihm um den Hals.
Fertig ist mein Schneemann!

8

BVK PA26 • Julia Bracke/Birgit Giesen: Lesethron Band 1

Angebot 13

Lese-Mal-Auftrag: Der Clown

An Karneval verkleiden sich viele Menschen und feiern. Früher war es anders: Die Menschen wollten die Geister des Winters mit Masken vertreiben. Mit ihren Instrumenten machten sie Krach dazu.

Male: Der Clown hat rote Haare und eine rote Nase.
Sein Hut ist gelb und hat eine lila Blume.
Sein Mantel ist braun, mit vielen bunten Flicken.
Am Mantel sind fünf rote Knöpfe zu sehen.
Der Clown hat eine grüne Hose mit blauen Punkten an.
Seine Schuhe sind braun.
In der Hand hält er einen grünen Luftballon.
Male Luftschlangen und Konfetti dazu.

Thema: Wohnen

Inhaltsverzeichnis

 **Wohnen**

Angebot 1

Anlaut – Inlaut – Endlaut

Wo hörst du **au**? ✏️ Kreuze an.

✂️ ···

Angebot 2

Lesestreifen

✂️

Zimmer ∗ Haus ∗ Keller ∗ Dach
Tür ∗ Treppe ∗ Fenster ∗ Zaun
Terrasse ∗ Balkon ∗ Küche ∗ Bad
Lena ∗ wohnt ∗ in ∗ einem ∗ Haus.
Sie ∗ hat ∗ auch ∗ ein ∗ Zimmer.
Lenas ∗ Hund ∗ ist ∗ im ∗ Garten.
Lenas ∗ Bruder ∗ klettert ∗ auf ∗ Bäume.

BVK PA26 • Julia Bracke / Birgit Giesen: Lesethron Band 1

Angebot 3

Lese-Mal-Auftrag: Haus

Was fehlt? 👓 Lies und ✏ male.

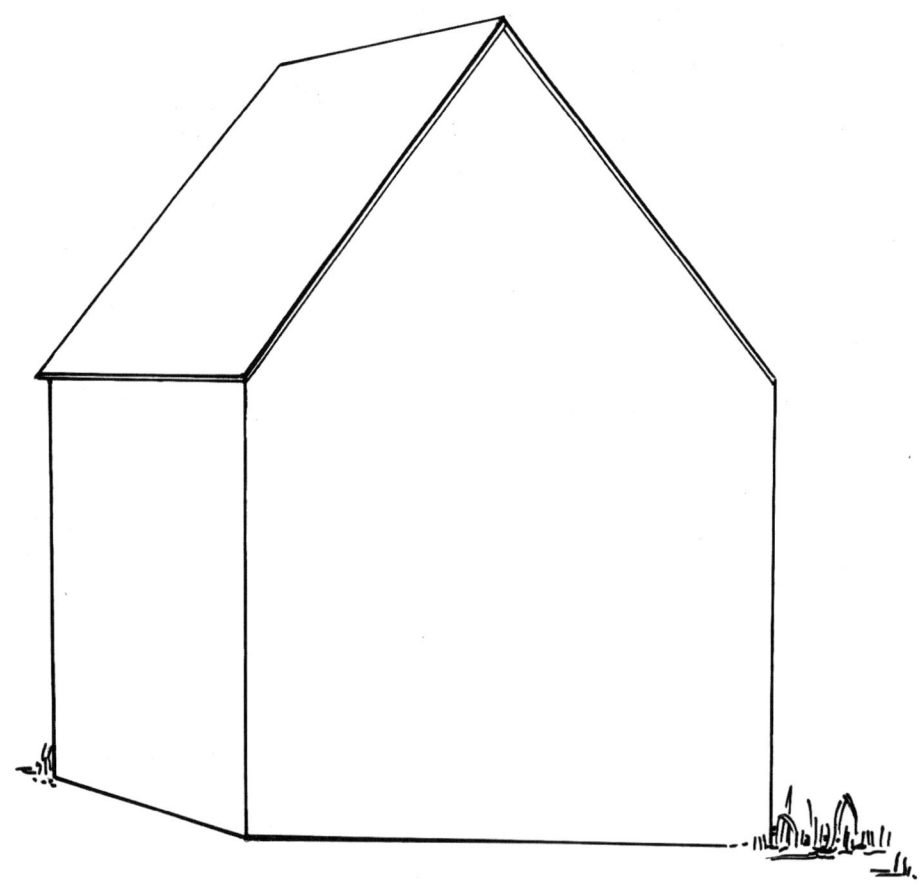

Das Haus hat eine braune Tür.

Es hat vier Fenster.

Das Dach ist rot.

Neben dem Haus steht ein Baum.

Neben dem Haus ist das Auto.

Die Sonne scheint.

Male eine Wolke.

Wohnen

Angebot 4

Lesespiel

Würfle.

Landest du auf einem Wortfeld, 👓 lies das Wort.

Hast du richtig gelesen, rücke auf das passende Bild vor.

Kannst du es nicht, bleibe stehen.

Kommst du auf einen Pinsel, ✍ schreibe ein Wort in die Luft.

Start	(Pinsel)	Iglu	Hochhaus	(Pinsel)	(Bild Hochhaus)
					(Bild Iglu)
Baumhaus	Hausboot	(Pinsel)	Bauernhof	(Bild Tipi)	Tipi
(Bild Hausboot)					
(Bild Bauernhof)	(Pinsel)	(Bild Baumhaus)	Wolken-kratzer	Urwald-hütte	(Pinsel)
					Reihen-haus
					(Bild Reihenhaus)
Ziel					
(Bild Burg)	Burg	(Bild Schloss)	Schloss	(Bild Reihenhaus)	(Bild Wolkenkratzer)

BVK PA26 • Julia Bracke / Birgit Giesen: Lesethron Band 1

 **Wohnen**

Angebot 5

Würfelspiel

Würfle und rücke auf das Bild. Sprich deutlich.

Hörst du ein P / p,	**darfst du 1 Feld vorrücken.**
Hörst du ein B / b,	**darfst du 2 Felder vorrücken.**
Hörst du ein G / g,	**gehe ein Feld zurück.**
Hörst du keinen der Laute,	**bleibe stehen.**

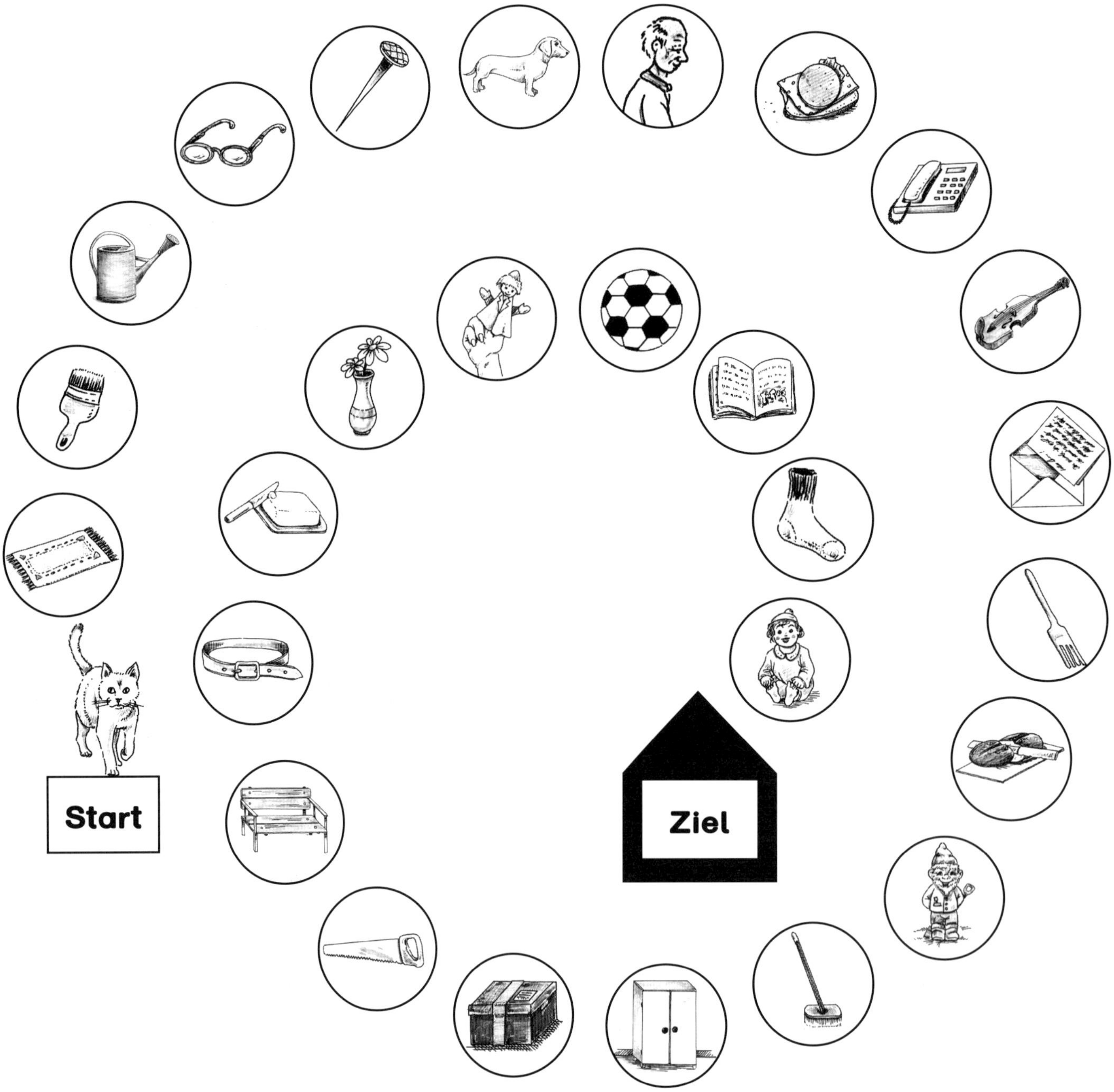

Start

Ziel

Angebot 6

Was zum Haus dazugehört

✎ Kreuze an.

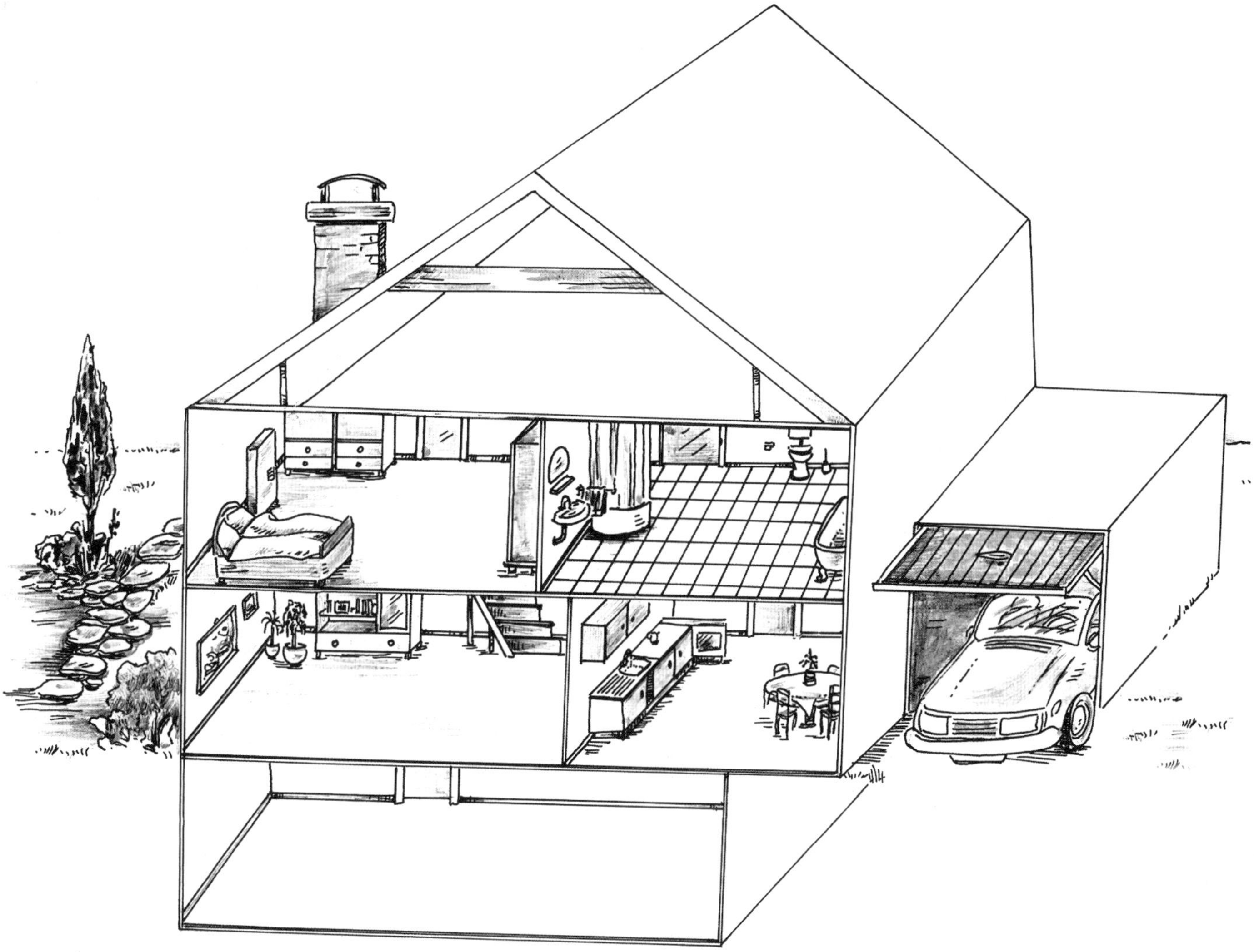

Keller 〇	Treppe 〇	Wolke 〇
Schornstein 〇	Wand 〇	Mond 〇
Ferien 〇	Adler 〇	Küche 〇
Schlafzimmer 〇	Garten 〇	Ampel 〇
Elefant 〇	Badezimmer 〇	Riese 〇
Dachboden 〇	Frühling 〇	Garage 〇

Angebot 7

Memory: Einzahl – Mehrzahl

Haus	**Häuser**	Raum	**Räume**
Schlauch	**Schläuche**	Glas	**Gläser**
Garten	**Gärten**	Dach	**Dächer**
Topf	**Töpfe**	Zaun	**Zäune**
Ofen	**Öfen**	Fass	**Fässer**

 **Wohnen**

Angebot 8

Was ist richtig?

 Lies und ✏️ kreuze an.

Wo wir wohnen ...

Wohnen Menschen in einer Garage?	ja	nein
Wohnen Menschen auf einem Zeltplatz?	ja	nein
Wohnen Menschen im Reihenhaus?	ja	nein
Wohnen Menschen in der Schule?	ja	nein
Wohnen Menschen in Hochhäusern?	ja	nein
Wohnen Menschen in Supermärkten?	ja	nein
Wohnen Menschen auf dem Bauernhof?	ja	nein
Wohnen Menschen in einem Schloss?	ja	nein
Wohnen Menschen in Wolkenkratzern?	ja	nein
Wohnen Menschen in Scheunen?	ja	nein
Wohnen Menschen in Schwimmbädern?	ja	nein
Wohnen Menschen in Altenheimen?	ja	nein
Wohnen Menschen in der Kirche?	ja	nein

Angebot 9

Bild-Satz-Zuordnung: Gefahren im Haus

✏️ Trage die Nummern in das passende Bild ein.

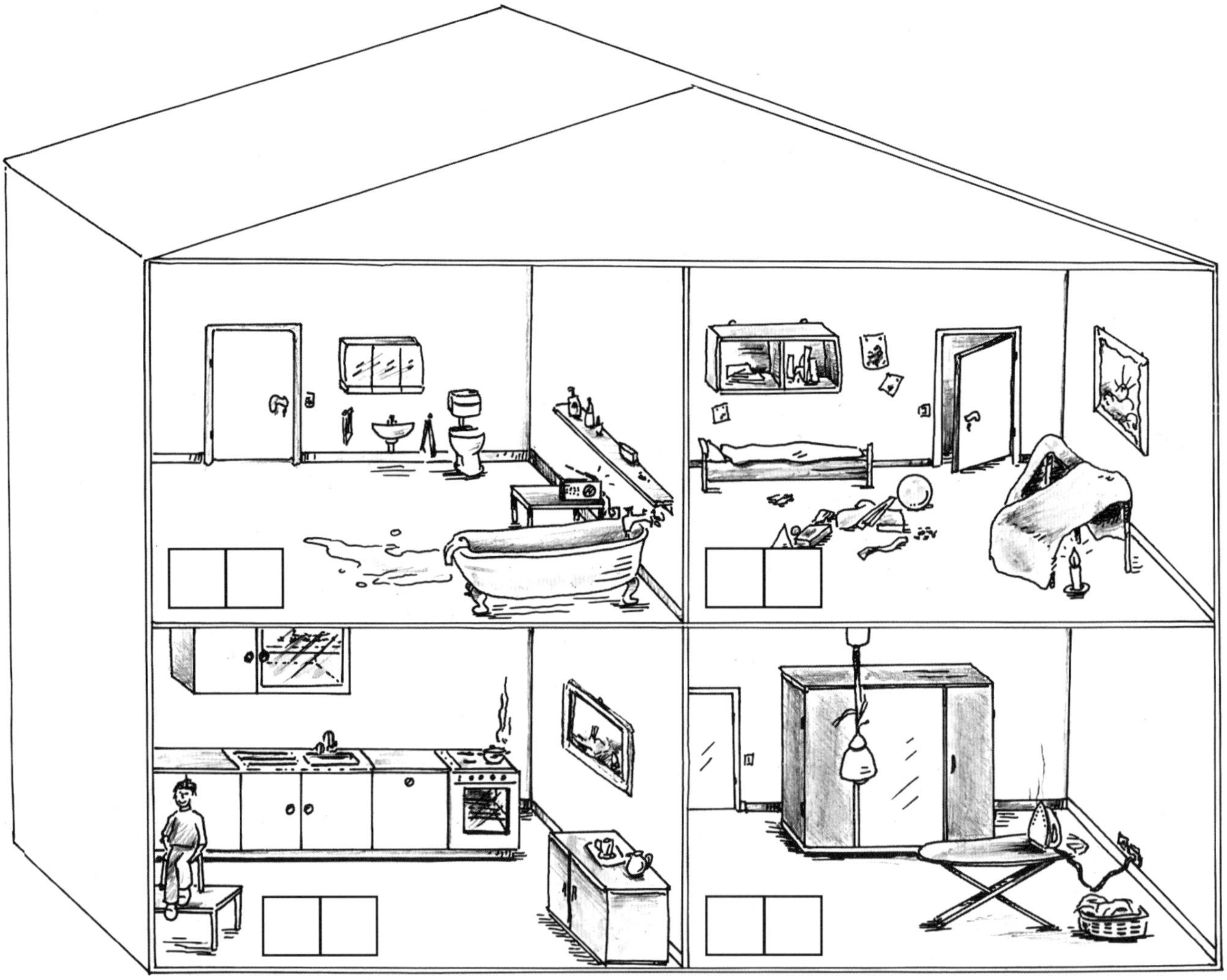

1 Vorsicht! Das Radio steht zu nah am Wasser.	5 Vorsicht! Du kannst hinunterfallen.
2 Vorsicht! Die gebaute Höhle kann brennen.	6 Vorsicht! Das Kabel der Lampe ist nicht geschützt.
3 Vorsicht! Bei der Unordnung kannst du stolpern.	7 Vorsicht! Das Bügeleisen ist eingeschaltet.
4 Vorsicht! Du kannst dich am Herd verbrennen.	8 Vorsicht! Der Boden ist nass. Du kannst ausrutschen.

BVK PA26 • Julia Bracke / Birgit Giesen: Lesethron Band 1

Domino: Wer arbeitet wo im Haus?

START (Wohnen)	Der Elektriker verlegt die Leitungen für den Strom im Haus.
	Der Installateur baut Badewanne, Dusche und Toilette ein.
	Der Fliesenleger verlegt die Fliesen im Haus.
	Der Maler streicht die Wände.
	Der Glaser baut die Fenster ein.
	Der Schreiner baut Schränke und Möbel.
	Der Gärtner legt den Garten an und pflegt ihn.
	Der Pflasterer baut Einfahrten und Wege rund um das Haus.
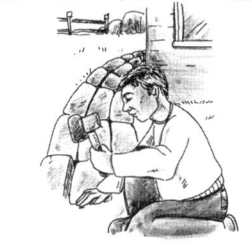	Der Schornsteinfeger reinigt den Schornstein.
	Der Maurer baut Keller, Wände und Decken.
	Der Dachdecker bringt die Dachpfannen an.
	**ENDE**

BVK PA26 • Julia Bracke / Birgit Giesen: Lesethron Band 1

 **Wohnen**

Was ist richtig?

So verhalte ich mich zu den Nachbarn

✏️ Kreuze an.

Ich höre Musik und stelle sie sehr laut.	richtig	falsch
Der alte Nachbar ist schon schwach. Ich trage seine Tasche.	richtig	falsch
Ich stehle Äpfel aus dem fremden Garten.	richtig	falsch
Ich spiele laut im Treppenhaus.	richtig	falsch
Ich stelle mich den neuen Nachbarn vor.	richtig	falsch
Die alte Nachbarin ist krank. Ich gehe für sie einkaufen.	richtig	falsch
Ich klingle bei den Nachbarn und laufe weg.	richtig	falsch
Die Nachbarn sind im Urlaub. Wir sammeln die Post für sie.	richtig	falsch
Das neue Nachbarkind kennt noch niemanden. Ich spiele mit ihm.	richtig	falsch
Mir fällt Papier vor die Tür des Nachbarn. Ich lasse es liegen.	richtig	falsch
Der Nachbar hat das Licht an seinem Auto angelassen. Ich sage ihm Bescheid.	richtig	falsch

BVK PA26 • Julia Bracke/Birgit Giesen: Lesethron Band 1

Bild-Text-Zuordnung: Wohnen anderswo ...

Ordne die Texte den passenden Bildern zu.

	Wolkenkratzer findet man z. B. in großen Städten der USA. Sie haben sehr viele Stockwerke.
	Die Inuit (Eskimos) leben in Iglus. Iglus werden aus festem Schnee gebaut.
	Tipis sind die Zelte der Indianer. Man baut sie aus Holzstangen und Tierfellen.
	Die Menschen im Urwald bauen Baumhäuser. Dort sind sie vor Hochwasser und wilden Tieren geschützt.
	In Neuguinea gibt es Häuser auf Pfählen. Sie stehen im Wasser. Man nennt sie Pfahlhäuser.

Thema: Familie

Inhaltsverzeichnis

Domino:
Groß- und Kleinbuchstaben

Start	**P**	**p**	**G**
g	**D**	**d**	**V**
v	**B**	**b**	**W**
w	**J**	**j**	**Y**
y	**L**	**l**	**Qu**
qu	**U**	**u**	**Ende**

Angebot 2

Domino: Wortanfang

Start (Familie)		**Au**	
Ga		**Mu**	
Va		**Fa**	
Ki		**Om**	
Hu		**Op**	
Ka		**Hau**	
Ru		**Fu**	**Ende**

BVK PA26 • Julia Bracke / Birgit Giesen: Lesethron Band 1

Familie

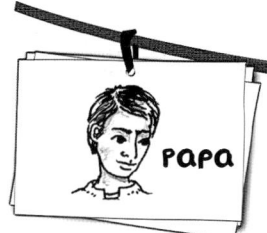

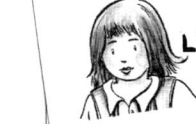

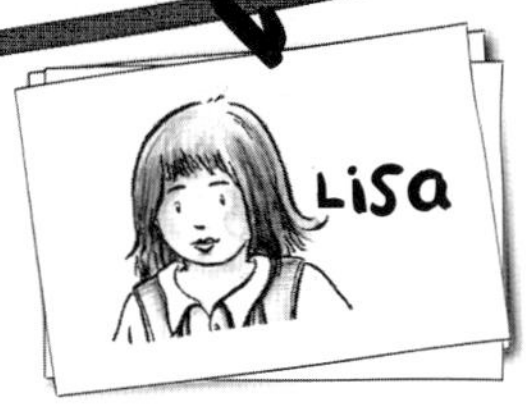

Angebot 3

Würfelspiel

Würfle und rücke auf das Bild. Sprich deutlich.

Hörst du ein D / d, **darfst du 1 Feld vorrücken.**

Hörst du ein T / t, **darfst du 2 Felder vorrücken.**

Hörst du ein K / k, **gehe ein Feld zurück.**

Hörst du keinen der Laute, **bleibe stehen.**

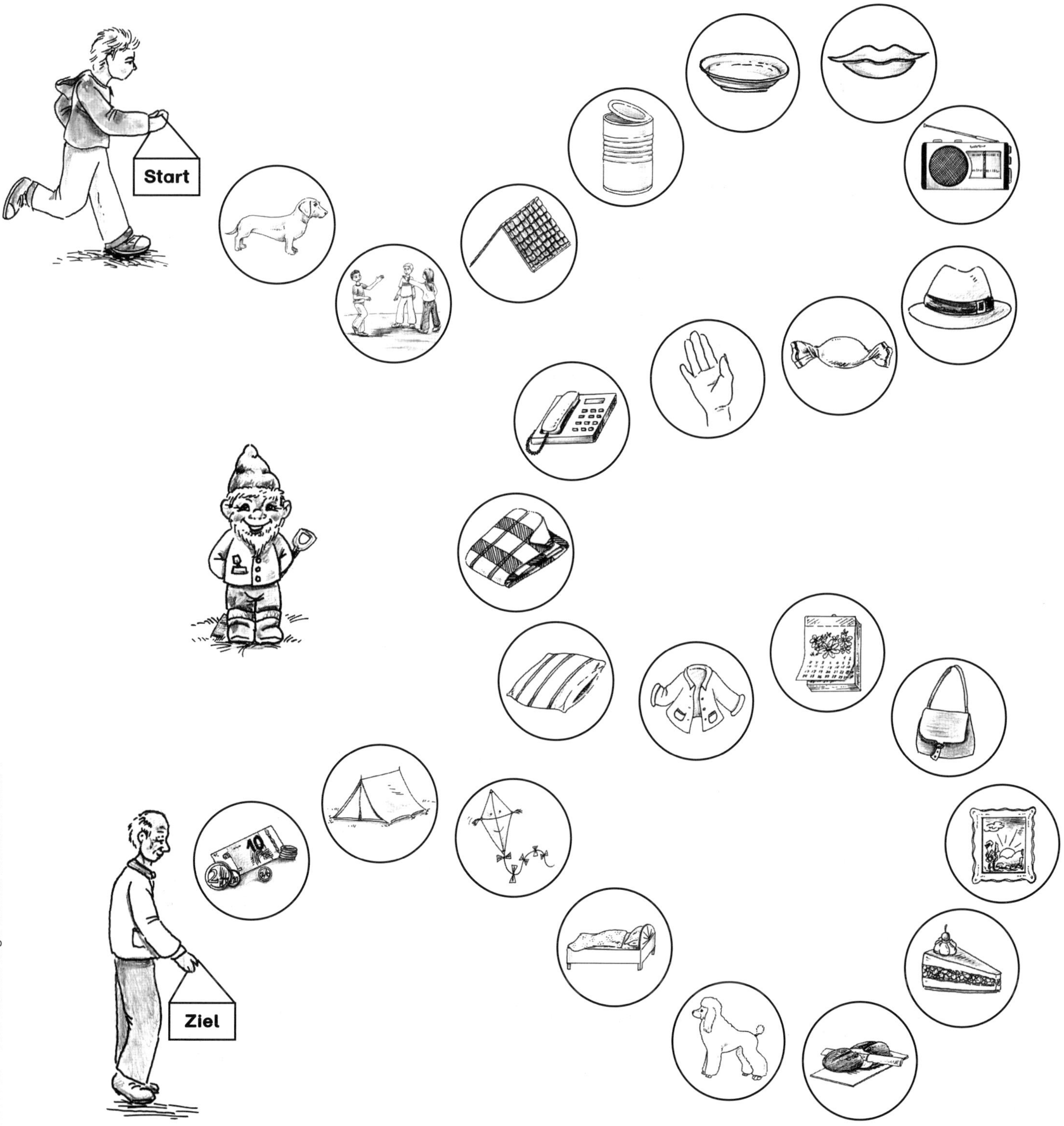

BVK PA26 • Julia Bracke / Birgit Giesen: Lesethron Band 1

Memory: Einzahl – Mehrzahl

Vater	**Väter**	Mutter	**Mütter**
Sohn	**Söhne**	Tochter	**Töchter**
Oma	**Omas**	Opa	**Opas**
Kind	**Kinder**	Tante	**Tanten**
Onkel	**Onkel**	Enkel	**Enkel**

Familie

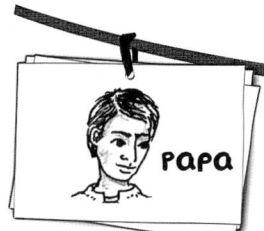

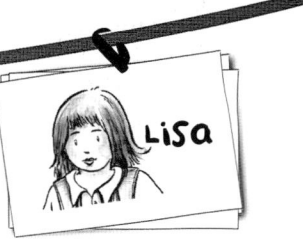

Angebot 5

Familienpaare finden

Was gehört zusammen?
Lege passende Begriffe zu einem Viereck zusammen.
(Bruder – Schwester)

Bruder / Schwester	**Mutter** / Vater	**Oma** / Opa
Onkel / Tante	**Sohn** / Tochter	**Nichte** / Neffe
Patentante / Patenonkel	**Großvater** / Großmutter	**Schwager** / Schwägerin
Cousin / Cousine	**Enkel** / Enkelin	**Vetter** / Base

BVK PA26 • Julia Bracke/Birgit Giesen: Lesethron Band 1

Angebot 6

Lesestreifen

M a m a * P a p a * O m a * O p a
Tante * Bruder * Vater * Mutter
Schwester * Onkel * Enkel * Schwager
Papa * ist * mein * Vater.
Mama * ist * meine * Mutter.
Hast * du * ein * Haustier?
Ich * habe * eine * Familie.

Angebot 7

Was ist richtig?

✏ Kreuze an.

 Lukas weint. ☐
Lukas lacht. ☐

 Ina isst. ☐
Ina trinkt. ☐

 Anna spielt. ☐
Anna liest. ☐

 Nele sitzt im Auto. ☐
Nele sitzt im Bus. ☐

 Paul rennt. ☐
Paul steht. ☐

 auf dem Tisch ☐
unter dem Tisch ☐

Angebot 8

Mädchen – Junge

Jungenname oder Mädchenname? ✏️ Kreuze an.

		Junge	Mädchen
	Lisa	☐	☒
Tim		☐	☐
	Paul	☐	☐
Lukas		☐	☐
	Peter	☐	☐
Anna		☐	☐
	Nele	☐	☐
Ali		☐	☐
	Moni	☐	☐
Pia		☐	☐
	Kai	☐	☐
Ina		☐	☐
	Ben	☐	☐

Angebot 9

Aufgaben in der Familie

👓 Lies die Sätze. ✏️ Schreibe die Nummern in das passende Bild.

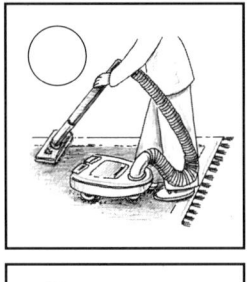
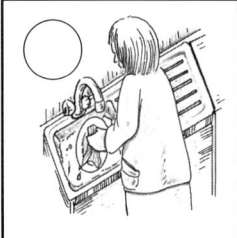

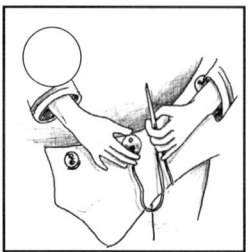

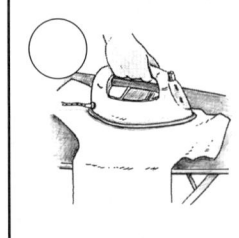
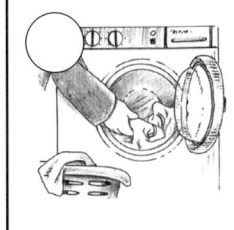

1	Das Geschirr abtrocknen.
2	Die Blumen gießen.
3	Den Teppich saugen.
4	Den Boden wischen.
5	Die Waschmaschine einräumen.
6	Die Haustiere füttern.
7	Die saubere Wäsche bügeln.
8	Den Knopf annähen.
9	Das Mittagessen kochen.
10	Im Supermarkt einkaufen.
11	Das Geschirr spülen.
12	Das Zimmer aufräumen.

Angebot 10

Bild-Text-Zuordnung:

Mein Lebenslauf

Lege die Bilder in die richtige Reihenfolge.
Ordne dann die passenden Texte hinzu.

Ich bin in einem Krankenhaus geboren.
Eine Hebamme und ein Arzt haben bei
der Geburt geholfen.
Meine Mutter hat mich gestillt.

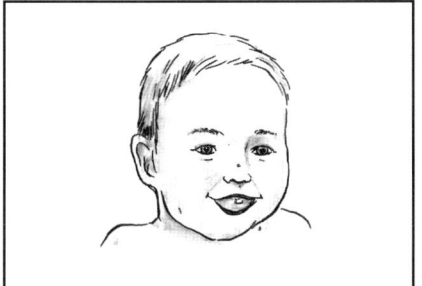

Nach sechs Monaten bekam ich meinen
ersten Zahn.
Mama sagt, in der Zeit habe ich sehr
gebrüllt.

Mit 13 Monaten habe ich Laufen gelernt.
Das Gehen habe ich mit Papa geübt.
Er hat mich an die Hand genommen.

Mit drei Jahren kam ich in den Kindergarten.
Dort habe ich gespielt, gebastelt
und gesungen.
Wir haben tolle Feste gefeiert.

Mit sechs Jahren kam ich in die
Grundschule.
Ich hatte eine Schultüte.
In der Schule lerne ich Lesen, Schreiben
und Rechnen.

Angebot 11

Lese-Mal-Auftrag:

Zum Muttertag

✏️ Male drei Rosen rot. Male drei Rosen gelb.

Male drei Rosen orange. Male alle anderen Blumen rosa.

Male die Stiele und die Blätter grün. Male die Schleife lila.

Male die Biene aus.

✂️ Schneide den Schmuckrahmen aus.

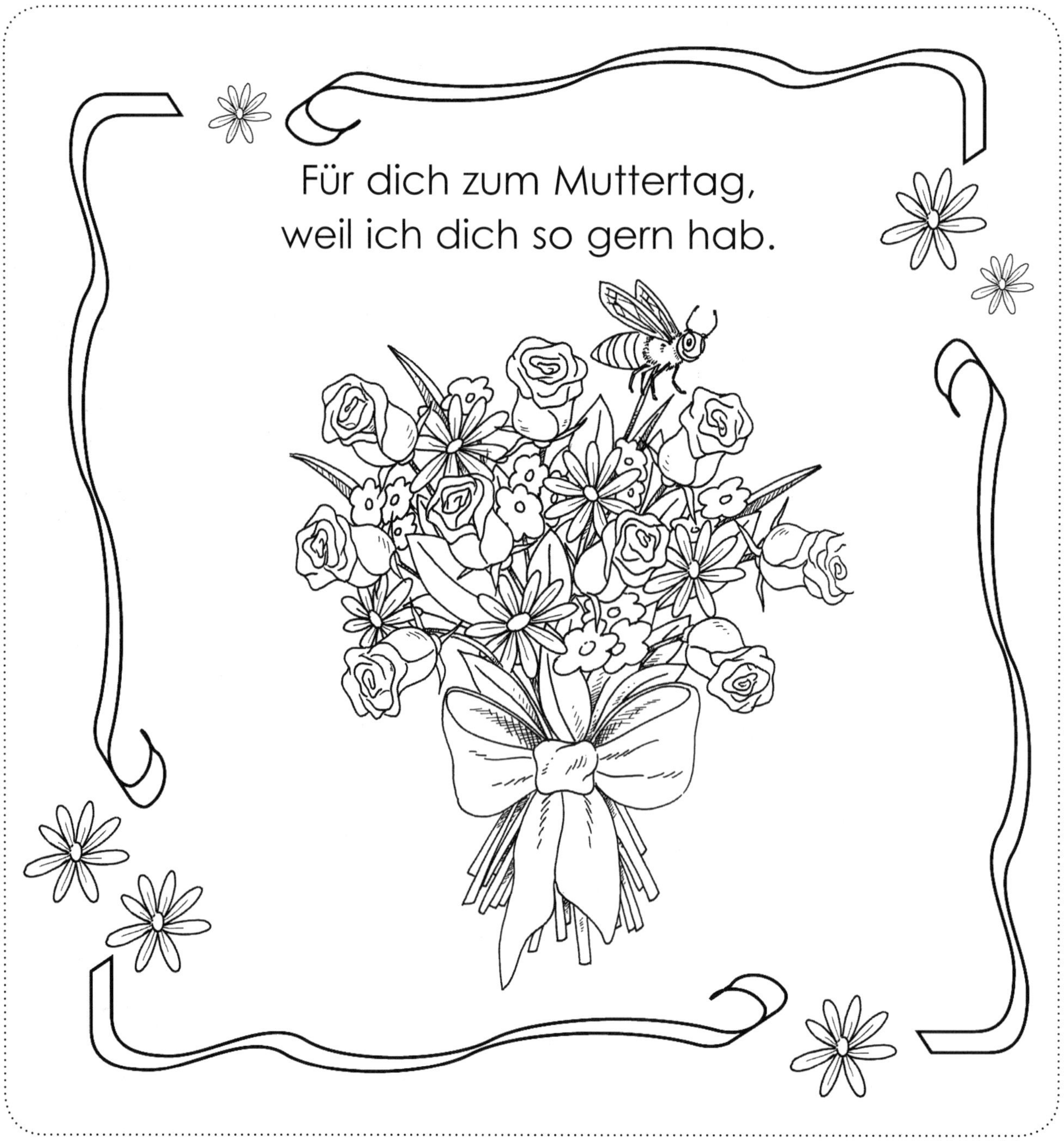

Für dich zum Muttertag,
weil ich dich so gern hab.

BVK PA26 • Julia Bracke / Birgit Giesen: Lesethron Band 1

Angebot 12

Textteile sortieren:

An meinem Geburtstag

Bringe die Textteile in die richtige Reihenfolge.

G	Morgen habe ich Geburtstag. Ich bin schon ganz aufgeregt. Hoffentlich kann ich heute Nacht schlafen.	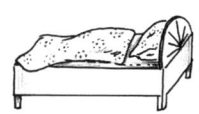
E	Der Wecker klingelt. Heute ist mein Geburtstag. Ich freue mich. Ich laufe in die Küche.	
S	Mama steht in der Küche. Sie nimmt mich in den Arm. Jetzt sehe ich auch meinen Papa.	
C	Mein Bruder kommt mit einem Kuchen in die Küche. Alle gratulieren und ich bekomme Geschenke.	
H	Endlich fahre ich in die Schule. Meine Freunde holen mich vom Bus ab. Lisa hat ein Geschenk für mich.	
E	In der Klasse singen alle ein Lied für mich. Heute brauche ich keine Hausaufgaben zu machen.	
N	Am Nachmittag kommen alle meine Freunde zu mir nach Hause. Wir essen Kuchen und spielen Spiele.	
K	Das war ein toller Tag. Geburtstag haben ist wunderbar.	

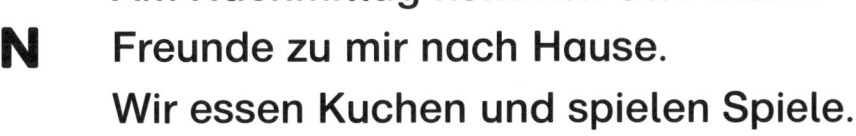

BVK PA26 • Julia Bracke/Birgit Giesen: Lesethron Band 1

Angebot 13

Familienquiz

Was ist richtig? ✎ Kreuze an.

Gehört der Nachbar zur Familie?	ja	nein
Ist der Vater meines Vaters mein Opa?	ja	nein
Sind Zwillinge Geschwister?	ja	nein
Ist der Hund mit der Familie verwandt?	ja	nein
Ist mein Patenonkel mit mir verwandt?	ja	nein
Gehört mein Freund zur Familie?	ja	nein
Ist die Tochter meiner Tante meine Cousine?	ja	nein
Bin ich die Enkelin meines Opas?	ja	nein
Sind Vater und Mutter Geschwister?	ja	nein
Ist die Tochter meiner Oma meine Mutter?	ja	nein
Ist der Bruder meines Vaters mein Bruder?	ja	nein
Ist Mama älter als Oma?	ja	nein
Bin ich die Tochter meiner Mutter?	ja	nein
Gehört der Hausarzt zur Familie?	ja	nein
Ist mein Bruder der Sohn meines Vaters?	ja	nein
Kannst du deine Familie aufzählen?	ja	nein

Angebot 14

Benimm-Spiel

Rücke um die gewürfelte Augenzahl vor.

Kommst du auf dieses Feld ✗ , ziehe eine Karte.

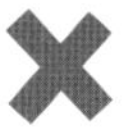

Führe den Auftrag aus. Wer zuerst im Ziel ist, hat gewonnen.

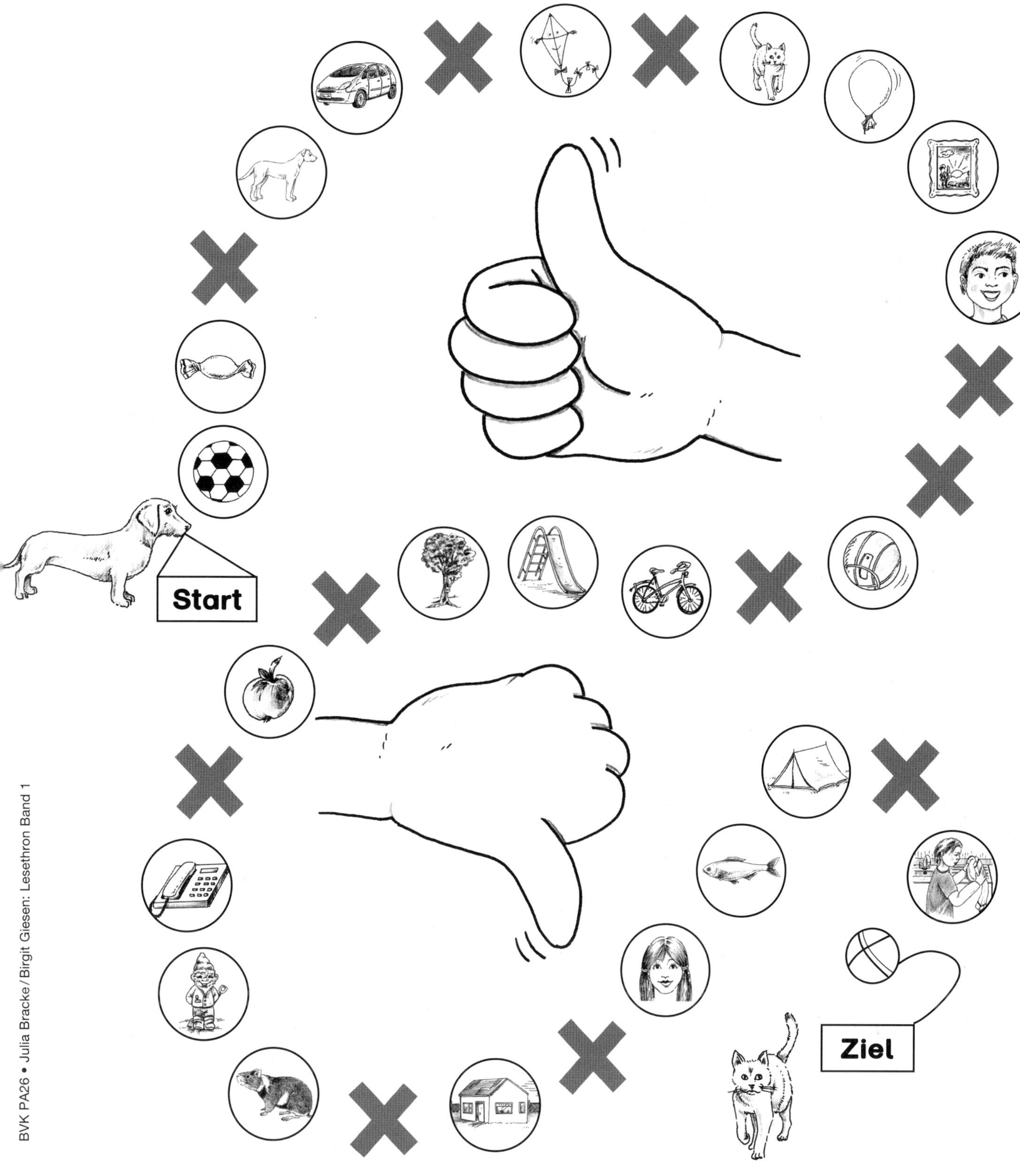

Start

Ziel

Auftragskarten

Du streitest dich mit deinem Bruder. Gehe 2 Felder zurück.	Du hilfst Mutter beim Abspülen. Gehe 3 Felder vor.	Du hast vergessen, den Hund zu füttern. Setze einmal aus.	Du hast deine Hausaufgaben ordentlich gemacht. Gehe 2 Felder vor.
Du bist bei Rot über die Ampel gegangen. Setze eine Runde aus.	Du hast dein Zimmer aufgeräumt. Gehe 2 Felder vor.	Du hast zu laut Musik gehört. Gehe 2 Felder zurück.	Du hast deinem Freund geholfen. Gehe 3 Felder vor.
Du warst für Oma einkaufen. Gehe 3 Felder vor.	Du hast dem Nachbarn einen Gefallen getan. Gehe 2 Felder vor.	Du hast dich geprügelt. Setze eine Runde aus.	Du hast mit Freunden leise gespielt und nicht gestört. Würfle noch einmal.
Du hast Papa beim Autowaschen geholfen. Gehe 2 Felder vor.	Du spielst mit dem neuen Klassen- kameraden. Rücke 2 Felder vor.	Du hast deine Aufgaben alle erledigt. Rücke 3 Felder vor.	Du hast dich lieb um deine kleine Schwester gekümmert. Würfle noch einmal.
Dein Zimmer ist total unordentlich. Setze einmal aus.	Du hast am Sonntag das Frühstück vorbereitet. Gehe 2 Felder vor.	Du hast gelogen. Schäme dich. Setze eine Runde aus.	Du hast deiner Mutter eine Freude gemacht. Gehe 2 Felder vor.
Du hast dein Versprechen nicht gehalten. Gehe 2 Felder zurück.	Du hast dich nicht gestritten. Gehe 2 Felder vor.	Du warst heimlich am Fernseher. Setze einmal aus.	Wir freuen uns, dass du da bist. Würfle noch einmal.

BVK PA26 • Julia Bracke / Birgit Giesen: Lesethron Band 1